君たちの民主主義は間違っていないか。

大川隆法
Ryuho Okawa
×
釈量子
Ryoko Shaku

幸福実現党
立党10周年・
令和元年
記念対談

IS YOUR
DEMOCRACY
RIGHTEOUS?

まえがき

昨夜のベルサール高田馬場《たかだのばば》での釈量子《しゃくりょうこ》党首とのエキサイティングな対談から、まだ丸一日経《た》っていない。前回の対談「夢は尽きない」に比べて、内容的にはもう一段の厳しさが感じられたことだろう。

本会場は定員千七百人を超えて、二百人近い立聴者《りっちょうしゃ》が出、全国の会場にも同時中継された。マスコミ関係者約百人の参加する中、新聞社の方の質問にも生《なま》で即答した。水曜日という平日の夜の「真夏の夜《よ》の夢」を地《じ》でいく感覚だった。

聴聞《ちょうもん》された方々の多くは、私が幸福実現党の創立者という立場を超えて、「国師」、あるいは「世界教師」の立場から発言していることがよく分かったことだろう。

この夜も金粉がたくさん降《ふ》った。舞台上の私の目にもスポットライトの中、金粉が舞っているのが見えた。

釈党首も良く勉強されており、熱弁に一層《いっそう》磨きがかかっていた。

この国には新しい灯台の光が必要である。

令和初の外国国賓《こくひん》として米国トランプ大統領が来日されている間に、この対談は書籍として印刷される。おそらく週刊誌より速いだろう。

神仏の強い情熱を受けて、幸福実現党が立党されて十年が経つ。不死身《ふじみ》の英雄（イモータルヒーロー）たちが国政にいどみ続けている。

願わくは、この国に一本の真理の柱が打ち樹《た》てられますことを。この国の未来を拓《ひら》く勇気が読者の皆様に与えられますように。

二〇一九年（令和元年）五月二十三日

幸福実現党創立者兼総裁《こうふくじつげんとうそうりつしゃけんそうさい》　大川隆法《おおかわりゅうほう》

君たちの民主主義は間違っていないか。　目次

まえがき　3

第1章　君たちの民主主義は間違《まちが》っていないか。
――幸福実現党 立党10周年・令和元年記念対談――

二〇一九年五月二十二日　収録
東京都・ベルサール高田馬場《たかだのばば》にて

1　マスコミからの批判覚悟《かくご》で間違いを指摘《してき》する　15
前対談「夢は尽《つ》きない」ではマスコミから悪口を書かれなかった　15
マスコミを挑発《ちょうはつ》している今回の対談のタイトル　20

2
「貧困の解決」と「富の分配の仕方の間違い」 29
日刊ゲンダイ記者の「民主主義と貧困」の質問への答え 29
ホテルサービスでは、欧米《おうべい》は日本に絶対に勝てない 34
日本の学校の評価が低いのは、英語での発表が少ないから 37

3
「監視《かんし》・弾圧《だんあつ》・洗脳の中国」におもねる間違い 42
進んだ技術で監視社会をつくり出した唯物論《ゆいぶつろん》国家・中国 42
人民解放軍で人民弾圧をしている中国 48
ウイグルの取材を中国に〝許された〟朝日新聞 51
最近、国策で「朝日」と「岩波」を宣伝している中国 57

4
「戦争・軍事の話ができない日本」のおかしさ 61
何がおかしい、丸山《まるやま》穂高《ほだか》議員の「戦争発言」 61

日本では報じられない「二島返還《へんかん》でよい」理由　68
終戦のご聖断は一九四五年三月に下るべきだった　71
軍事を学ばないと、国際政治学は抽象概念《ちゅうしょうがいねん》の平和論に終わる　74
一九四一年の御前《ごぜん》会議、その情報精度の低さと判断の間違い　76
軍事的技術の知識があれば、南京大虐殺《ナンキンだいぎゃくさつ》は根拠《こんきょ》なし　81

5　仕事があまりにも遅《おそ》い行政　85

新天皇は、五カ月後に即位《そくい》パレード、一年半後にやっと引っ越《こ》し　85
幸福実現党は、言い出した翌日に立党宣言、一月《ひとつき》たたずに届け出た　88

6　バラマキは、政治家延命のための「買収」　98

見え見えの「選挙乗り切り政策」——幼保無償《ようほむしょう》化　98
小さくやると「買収」だが、大きくばら撒《ま》くと「政策」になる謎《なぞ》　103

バラマキは、政治家が二年でクビにならないための五十五年体制システム　106
教育の質を低下させる「無償化」の間違い　110

7

「信仰《しんこう》なき民主主義」は、なぜ間違っているのか　113

中国や日本には、「道徳に基《もと》づく行動」「神仏を信ずる宗教的精神」がない　113
〝布団《ふとん》で簀巻《すま》き事件〟?　116
大川総裁が、幼年期に近所の家に預けられていた理由　120
世の中には「便利な裏道」などない　123
途上国《とじょうこく》では、「神仏が見ている」「正直に生きる」「勧善懲悪《かんぜんちょうあく》」の教育が大事　125
国家の貧困につながる、幾《いく》つかの要因　128
道徳を教え込《こ》まないと、工業国家には移行不能　132
なぜ欧州の植民地が貧困になり、日本の植民地が繁栄《はんえい》したのか　133
パンダの香香《シャンシャン》がソクラテスに勝つ「人気取り民主主義」の問題点　136

徳治主義的な民主主義の基盤《きばん》にある「人間、神仏の子」の思想 139

第2章 今、日本の民主主義はなぜ落第か。
——質疑応答——

二〇一九年五月二十二日
東京都・ベルサール高田馬場にて

Q1 「衆参ダブル選」に大義はあるのか？ 146
今、解散すべき「大義」はない 147
北朝鮮《きたちょうせん》のミサイル発射時、ゴルフをしていた安倍《あべ》首相 150
消費増税の前に、財務省を押《お》さえ込めない内閣府を潰《つぶ》すべき 155

選挙前の統計数字はいつも〝嘘《うそ》〟、選挙後に変わってしまう　159
銀行大倒産《だいとうさん》時代の危機――地銀百行は二十行に、都銀は二行に　161
公務員は平均年収六百五十万円、民間は四百万円ちょっとの官尊民卑《かんそんみんぴ》　164

Q2　富の収奪《しゅうだつ》を防ぎ、富を創出するには？　171
中国では水が高く売れるので、水源地を買い漁《あさ》る中国資本　171
中国人観光客によって、銀座《ぎんざ》の値打ちが下がってきている　174
観光客とインバウンド消費を操《あやつ》って、各国を揺《ゆ》さぶる中国共産党　178
インターネット等の発展で、全体的に貧しくなっている？　180

Q3　日本の民主主義は何点か？　幸福党の擁立《ようりつ》数《すう》目標は？　183
週刊誌で〝結果〟が出るなら、民主主義は要《い》らないのでは　184
日英とアメリカの民主主義比較《ひかく》　186

イランでの戦争の切迫度《せっぱく》は　191
安倍首相の強みは、ヒットラーやファシズムと似ているか　192
二〇五〇年までに日本を占領《せんりょう》したい中国におもねる野党、大丈夫《だいじょうぶ》か？　195
衆愚政《しゅうぐせい》にならぬよう、今、正しい選択《せんたく》を　198
あとがき　200

第1章

君たちの民主主義は間違《まちが》っていないか。

―幸福実現党 立党10周年・令和元年記念対談―

2019年5月22日　収録
東京都・ベルサール高田馬場《たかだのばば》にて

対談者
釈量子《しゃくりょうこ》（幸福実現党党首）

司会
七海《ななみ》ひろこ（幸福実現党広報本部長）

［役職は収録時点のもの］

1 マスコミからの批判覚悟《かくご》で間違《まちが》いを指摘《してき》する

前対談「夢は尽《つ》きない」ではマスコミから悪口を書かれなかった

七海　これより、「君たちの民主主義は間違《まちが》っていないか。」と題し、対談を始めます。三月三十日の公開対談「夢は尽《つ》きない」に続き、二回目の公開対談を賜《たまわ》りますことに心より感謝申し上げます。

また、先般《せんぱん》（五月十四日）も幕張《まくはり》メッセにて、幸福実現党 立党10周年大会 大講演会「自由・民主・信仰《しんこう》の世界」を賜り、党員、そして、支持者のみなさまにも多くのご参加をいただきました。本当にありがとうございます（会場拍手《はくしゅ》）。

釈　このたび、再び、対談の機会を頂きましたことを心より感謝申し上げます。

また、先日、御法話《ごほうわ》「自由・民主・信仰の世界」を賜りまして、本当に感謝でいっぱいです。

大川隆法　こういう外部会場で公開対談っていうのは、あなたとは初めてかな。ねえ？（幸福の科学の）内部では（過去）やりましたが。

釈　はい。確かに、こういう場所ではそうですね。前回の対談は、幸福の科学の東京正心館《しょうしんかん》でございました。

大川隆法　今日は、目が突《つ》っ張ってるじゃない？　大丈夫《だいじょうぶ》？

釈　いえ、大丈夫です（会場笑）。

大川隆法　でも、緊張《きんちょう》してないの？

釈　はい、ちょっと……（笑）。

大川隆法　私には、この会場は小さく見えるのよ。

釈　そうですか（笑）。

大川隆法　あなたには大きく見えてるんでしょう？

釈　いやあ、はい。

大川隆法　このギャップがね、今日の話のズレを生みますからね。

釈　そうですね。総裁先生の御心《みこころ》についていけるように、本当に頑張《がんば》りたいと思います。

大川隆法　なぜ「対談」かというと、要するに、講演だけだとちょっと難しく感じることもあるから、掛《か》け合いをしているうちに分かりやすくなるだろうと、まあ、そういう気持ちも入っています。

釈　なるほど。はい。

大川隆法　ただ、前回の対談はすぐ本になって出たんだけど。

釈　（『夢は尽きない』〔幸福の科学出版刊〕を掲《かか》げながら）こちらでございます。

大川隆法　どうですかね、やっぱり「入門レベル」でしたかね？

釈　いやいやいやいやいや……（笑）。

大川隆法　このとき、マスコミの方には悪口を書かれなかったのが本当にありがたいことでした。本当に、みんな心が広い。

釈　昨日《きのう》（二〇一九年五月二十一日）、「あっという間に本になったので驚《おどろ》いた」というお声を、ある雑誌の編集長の方から頂きました。

大川隆法　幸福の科学は、〝竹刀《しない》〟で打ち合いをしないで、いつも〝真剣《しんけん》〟で斬《き》り

『夢は尽きない』（大川隆法・釈量子 共著／幸福の科学出版刊）

合っていますので。

釈　そうですね。はい。

大川隆法　無駄《むだ》な動きに見えても、触《さわ》れば斬れる。触られたら斬られる。そういう戦い方をしておりますので。

釈　そうですね。斬れていないようでいて、切っ先が全部届いているというような感じですね。

マスコミを挑発《ちょうはつ》している今回の対談のタイトル

大川隆法　先ほどのＰＲ映像にもあったけれども、二〇〇九年の立党のときに、私は全国を街宣《がいせん》して回りました。その街宣した内容が全部、本になって出ているんですよ。

これは〝目《め》茶《ちゃ》苦《く》茶《ちゃ》〟なことで、まあ、ああいうことは二回はやりたくないとは思ってますけど（笑）。

行く先々で違う話をしているわけですから、当会の政策はいったい何なのか、聞いている人にはさっぱり分からないのですが、全部合わせて本になると、「ああ、なるほど。そういうことだったのか」と分かる感じですよね。

釈　そうですね。もう八冊ほど、街頭演説集として出しています。

●本になって……　（左上から）『新しい選択―2009 街頭演説集①』『未来へのビジョン―2009 街頭演説集②』『幸福維新への道―2009 街頭演説集③』『日本を夢の国に―2009 街頭演説集④』、（左下から）『自由の大国―2009 街頭演説集⑤』『救国の獅《し》子《し》吼《く》―2012 街頭演説集①　救国への決断』『救国の獅子吼―2012 街頭演説集②　地球に正義を』『救国の獅子吼―2012 街頭演説集③　神仏の守りたる国』（いずれも幸福実現党刊）参照。

大川隆法　出しましたね。まあ、こういうのが当会の〝特技〟と言えば〝特技〟なんですけどね。

釈　総裁先生は、お話しになる内容が、毎回、全部違いますので。まずそこが、たぶん、一般的には理解できないところだと思います。

大川隆法　そうなんですよね。しかも、対談するとね、相手の人と知性の交流が起き始めてですね、どっちのほうのレベルで話しているかが、だんだん分からなくなるんですよ（会場笑）。

釈　いや、ちょっともう、ほんと、総裁先生、ハードルを上げられると……（苦笑）、本当に恐縮《きょうしゅく》でございます。

大川隆法　釈さんの守護霊《しゅごれい》が、ときどき私のなかに入ってしゃべり始めたりすることになると、そのあと、急に、すごく偉《えら》そうに見えることもあるのは分かりますよね。

釈　いやあ、ちょっともう……（会場笑）。本当に、ちょっと大変なことになりますが。

今日は、「君たちの民主主義は間違っていないか。」っていう……。

大川隆法　すごく偉そうな題じゃないですか、これ。誰《だれ》が出したんだ？　こんな題は。ねえ？

釈　いえ、ほんとに。

大川隆法　私も分からないんですよ。

釈　そうですか。

大川隆法　でも、こんな題が出たんですよ。

釈　あっ！（笑）　ええ。

大川隆法　これは、たぶんね、〝挑発《ちょうはつ》〟してるんだと思うんですよね。

釈　挑発……（会場笑）。

大川隆法　うん。だから、今日はマスコミの方がね、百人ぐらい呼ばれているんですよ。それで、この〝挑発〟に乗ったらですね、〝鰹《かつお》の一本釣《づ》り〟じゃないけど、餌《えさ》なしで釣られたのと同じなんですが、みんなバカじゃないので。賢《かしこ》いんですよ。

釈　（笑）そうですね。

大川隆法　またね、こんな本を出してもね、全然〝引っ掛《か》かってこない〟んですよ。頭がよすぎるわ。東京のマスコミは、頭がよすぎるわ。

釈　なるほど。

大川隆法　地方でちょっと上手にやらなければ、こりゃあ駄目《だめ》かもしらん（会場笑）。

釈　なるほど。今日は、ぜひ、お手柔《てやわ》らかにお願いしたいと思っております。

大川隆法　今日はね、だから、これ、この（『夢は尽きない』〔前掲《ぜんけい》〕）レベルで二回、同じのを二本出したら、さすがに〝引っ掛けてくる〟と思うから、ちょっとだけレベルを上げたいかなと思っているんですけどね。どうでしょうか。

釈　はい。私も……。

大川隆法　そう思ってる？

釈　ええ。前回は、「頭空《から》っぽ対談」ということでございましたので、多少はちょっと……（笑）。

大川隆法　そうなんですよ。
だから、今日はね、半分ぐらい（頭が）入ってるぐらいの感じでいけたらいいなと思うのよ。

釈　そうですか。とは言いつつ……。

大川隆法　とは言いつつ、今日は、司会の七海ひろこさんも〝売り出さなきゃいけない〟という話もあって。
この前、司会者にあまり入らせなかったのは、まことに申し訳ない。

七海　いやいや。とんでもないことです。今日も司会に徹《てっ》したいと思っております（笑）。

大川隆法　しっかりとお叱《しか》りをくださり、突っ込《こ》みを入れてくだされば、ありがたいと思います。

七海　ありがとうございます。

2 「貧困の解決」と「富の分配の仕方の間違《まちが》い」

日刊ゲンダイ記者の「民主主義と貧困」の質問への答え

七海　前回の対談のとき、また、幕張《まくはり》メッセでの講演でも、報道関係の方にたくさんお越《こ》しいただき、多くの感想を頂きました。

今日は、「君たちの民主主義は間違《まちが》っていないか。」という題ですけれども、その報道関係者の感想のなかに、「民主主義と貧困について伺《うかが》いたい」というようなお声も頂きましたので、まず、このあたりからお話を頂けたらと思います。

大川隆法　うん。そうですね、公開の場で、いちおう、「みんなの感想は読んでいますから」と言ったので、前回のも読んでいたのですが。

マスコミのなかでも、「日刊ゲンダイ」さんでしたね？　女性の記者……、あっ、記者ではないのかもしれませんが、「日刊ゲンダイ」の方が、聞きたい話として、「世界の貧困問題は、どのようにして解決したらよいのか」と。さらには、「富の創出」？　そして、世界にそれを、まあ、「均霑《きんてん》」という難しい言葉は使わなかったけれども、「世界に富を分配していくには、方法があるんだろうか」という、そういう難しいテーマを書いておられました。

これは、安倍《あべ》首相に訊《き》いたらよかった（会場笑）。

釈　ああ……。

幸福実現党・大川隆法総裁

大川隆法　これを安倍首相に訊いたら、〝いじめ事件〟が絶対に発生する（会場笑）。答えられるわけがない。安倍首相が、こんな難しい問題に答えられるわけがないじゃないですか。

それを答えるのが幸福の科学なんです（会場拍手《はくしゅ》）。

でも、「日刊ゲンダイ」があんな問題を出してくるなんて、ちょっと思わなかったね？

釈　やっぱり、富の問題といいますか、以前、総裁先生から「民主主義はバラマキをする傾向《けいこう》になりやすい。それをどうしたらいいのかという解決策は、依然《いぜん》として出ていない」ということを、教えのなかで頂いたこともありました。

そういう意味で、今回、ぜひ、このあたりを深めていきたいと思っております。

大川隆法　日本自体を取れば、本当に、今は、乞食《こじき》を見つけることさえ難しい状態

●教えのなかで……　『繁栄の法』（幸福の科学出版刊）参照。

ですからね。いないですよね？　ほとんどね。

釈　そうですね。

大川隆法　たまに、新宿御苑《しんじゅくぎょえん》の入り口あたりに、ちょっと、段ボール箱を敷《し》いている人が、二、三人いる場合があるんだけど、あれはパフォーマンスにやや近いように見えるんですよね。

釈　まあ、ホームレスの方というのは、いるところはいらっしゃいますが。北海道などは、冬は凍死《とうし》してしまうということもあって、全然いらっしゃらないようにも聞きます。

大川隆法　世界を見れば、確かに、国対国で見たら、国民一人当たりの経済力は日本の百分の一もないレベルの国もあることはあるので。

富の問題や貧困の問題も、これから解決していかなきゃいけない大きな問題ではあろうし、日本が先進国であり続けるなら、そのあたりについて、他の国々を指導できる立場になければいけない。

だから、今は移民問題も受け入れつつあるけれども、それは短期的な目で見てはいけないわね。

釈　なるほど。

大川隆法　だから、いろんな国から来た人たちが、国に帰って自分の国をつくっていくためのノウハウを教えてあげられなきゃいけない。

釈　はい。

ホテルサービスでは、欧米《おうべい》は日本に絶対に勝てない

大川隆法　で、けっこうね、海外の、特に先進国の欧米《おうべい》の人が思っているよりも、日本ははるかに進んだ国なんですよ。

これは、非常に言いにくいけどね、世界をいろいろ回って行事もやっている私から見て、例えば、ホテルとかでしたら、欧米、ヨーロッパやアメリカのホテルより、日本のホテルのほうが上ですよ、はっきり言って。

釈　そうですか。はい。

大川隆法　落差もはっきりある。うん、勝てない。ヨーロッパのホテルやアメリカのホテルでは、日本のホテルには絶対に勝てない。

もう、そのくらいね、きめ細《こま》かいところまで目が届いているんで。

釈　なるほど。

大川隆法　だけど、彼らは自分らのやってきたことを、今までのホテルマニュアルどおりやれば、世界の人たちはそれに合わせるべきだと思っているから、すでに負けていることが分かっていない。

で、私が、日本に負けていないレベルだと思ったのは、三月に台湾《たいわん》へ行ったときのホテルです。台湾のホテルはさすがだった。

釈　ほお。

大川隆法　さすが、日本の元植民地だっただけある。

釈　あっ、植民地時代の日本の影響《えいきょう》ですか。

大川隆法　（台湾には）日本人の観光客は、年間、すごく来ますからね。だから、そのホテルの系列は、ヨーロッパやアメリカにもあるんだけど、ほかのところではちゃんと手を抜《ぬ》いているのに、台湾では、日本人に満足してもらえるレベルを追求しているから、手を抜いていなかったんですよ。

釈　なるほど。

大川隆法　驚《おどろ》いた。あれには驚いた。

釈　やっぱり、日本は消費者大国でもありますので、消費者が要求するレベルというのが、ものすごい高いっていうのはありますね。

大川隆法　それは（日本人は）言わないからね。でも、（消費者は）本当は要求していて、それを満たしてるんだけど。実は、私たちはそういうふうにやっているということを、言わないでやっているから分からない。

日本の学校の評価が低いのは、英語での発表が少ないから

大川隆法　学校の水準なんかも、「世界何位」とかよく出すけどね。あれだって、要するに、英語で論文を発表しないと分からないから、それで日本のランキングとかは下がっているけど。実は、日本人は日本語だけで学問ができて、日本だけで研究して、会社のなかで発明・発見をして、それを実行に移しているから、アイデアが外に抜けない部分がだいぶあるんですよ。

釈　なるほど。

大川隆法　英語で論文などを書いている人の場合は、そのまま英語で読まれてしまって、分かってしまう。

アメリカ人の八十パーセントは、英語以外は分からない。あとの二十パーセントだけが、英語以外の外国語の勉強をしたことがある人なんですが、八十パーセントの人は英語しか分からないんです。

日本人とはだいぶ違うんですよ。日本人は、日本語で開発したノウハウを（外国に）教えていないから、実は、ノーベル賞レベルのことでも外国に知られないことがいっぱいあるんですね。

釈　世界のいろんな指標がありますけれども、「客観的に見て、すべてにおいて、（日本が）一、二、三位のなかに入っているだろう」というふうに言ってくださる方もいらっしゃいます。

大川隆法　そうなんだけど、統計をしている人のバイアスがあるからね。例えば、世界とは言わず、アジアでの大学ランキングっていうものも最近出たけど、一位が清華《せいか》大学。

これは、習近平《しゅうきんぺい》さんがご卒業なされた大学だから、これが一位。人口十四億人の国のトップが出ている大学が一位。

それで、二位がシンガポール国立大学。三位が香港《ホンコン》科技大学。

釈　はあ。

大川隆法　私なんか腹を抱《かか》えて笑ってるんだけど（会場笑）。

釈　（笑）

大川隆法　習近平が習った学問っていうのが、どれほど劣《おと》ったものであるか、そんなことは想像しただけで分かる。

釈　いやあ（笑）。

大川隆法　学問が間違っているのに、「その大学が優秀《ゆうしゅう》だ」と言われても、誰《だれ》が留学しに行くかって。

釈　さすがに、「清華大学に行きたい」という日本人は誰もいないと思うんですけど。

大川隆法　全然、箔《はく》が付かないでしょう。

釈　そうですね。

大川隆法　帰ってくると、「あっ、あなたも洗脳されたんですか?」って言われるだけで（会場笑）。

釈　また最近、中国のほうでは、大学教育もかなり不自由になってきておりますので。

大川隆法　そうですね。教授が、習近平さんに対して、何か不敬罪に当たるようなことを言っているというので、（教職から）下ろす、下ろさないというようなことをやっていたね。

釈　そうですね。

●教授が……　2019年3月、中国国家主席・習近平氏の母校である清華大学の法学教授・許章潤《きょしょうじゅん》教授が停職処分となり、捜査の対象となった。2018年7月に同氏の発表した習近平政権を批判する論文が関係していると見られる。

3　「監視《かんし》・弾圧《だんあつ》・洗脳の中国」におもねる間違《まちが》い

進んだ技術で監視社会をつくり出した唯物論《ゆいぶつろん》国家・中国

釈　（中国では）「自由」だとか「民主」だとかいう言葉も教えられませんし、若い人たちに対する信仰《しんこう》教育なんかも、基本的に全部禁止されておりますので、中国の今までの感覚の学問的な常識も、だいぶ変わってきていると思いますね。

大川隆法　うーん。

釈　中国の大学は、昔は、アメリカ政府やロック

幸福実現党党首・釈量子

フェラー財団のような民間団体の支援《しえん》でキリスト教系の大学がつくられたような時代もありましたが、今は厳しいなと思います。

大川隆法　唯物論《ゆいぶつろん》の部分が強いからね。だから、そういうハイテクのところは、けっこう行っているから。

釈　うーん、そうですね。

大川隆法　今、話題のものでもあるじゃないですか。カナダで捕《つか》まって、アメリカに起訴《きそ》された……。

釈　はい。ファーウェイの。

●カナダで……　2018年12月1日、カナダ司法当局が中国通信機器大手の華為技術《ファーウェイ》の副会長 兼 最高財務責任者（CFO）の孟晩舟《もうばんしゅう》氏を米国の要請を受けて逮捕した。米国は、対イラン制裁に違反した罪などで孟氏を起訴し、身柄の引き渡しを求めているが、2019年5月現在、孟氏はカナダで保釈中。

大川隆法　ＣＦＯが捕まったということがあるけど。

釈　孟晩舟《もうばんしゅう》さんですね。

大川隆法　会社自体が、「人民解放軍が皮を被《かぶ》った株式会社」になっているという。これは、ほかの国ではありえないようなことが、現実にあるわけですね。

釈　「軍民一体の国」でございますので。

大川隆法　ある意味では、それは進んでいるんだろうと思いますよ。軍隊で使えるような技術まで開発しているわけだから。そこのものを使うと、いろんな情報が抜《ぬ》けてしまうという、恐《おそ》ろしい技術を持っているわけだからね。

釈　アメリカのほうは、もう、ファーウェイを全部締《し》め出しに入りました。

大川隆法　そういうこともあるし、技術的に進んでいるということで言えば、数年前の統計によると、中国には（人口）十四億人いるのに対して、一億七千万台の監《かん》視《し》カメラがあるんだって。

これはすごい。（監視カメラの割合が）十人に一人を超《こ》えてますよね。今は、もうちょっと増えているかもしれない。

釈　中国の南のほうにある、かなりリベラルな新聞社では、以前いろんなことを書いていたのですけれども、書きすぎて当局から圧力を加えられるようになって、抗《こう》議《ぎ》の意志を示して一面を白紙で発行したりするというようなことがありました。二〇一三年に中国に行ったときに、その新聞社をちょっと見に行ったのですが、本社の前に立っている木の枝には、びっしりと監視カメラが……。

大川隆法　ううーん！

釈　スズメかと思って見ましたら（会場笑）、監視カメラなんですよ。

大川隆法　なるほど。

釈　その木の下で、よくデモをするということで。

大川隆法　なるほど、なるほど。

釈　それは何年も前の話ですが、最近では、例えば、

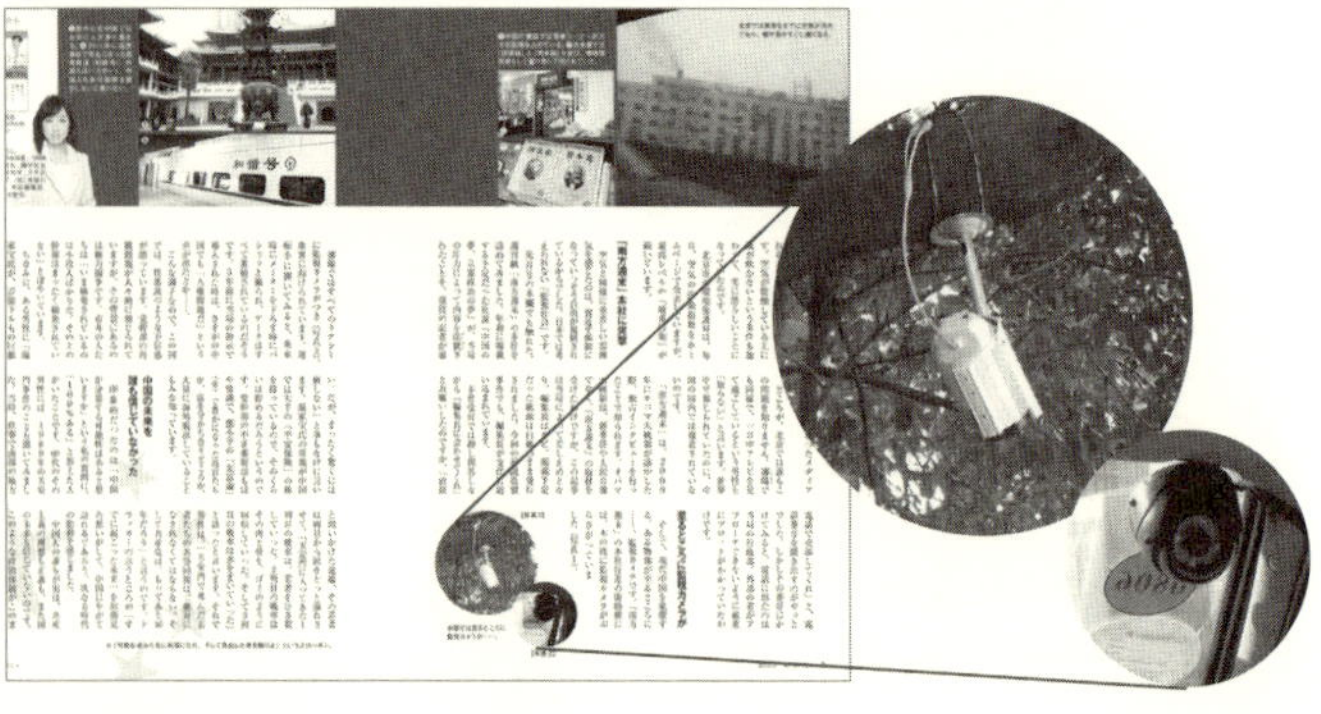

釈量子党首の中国ルポが掲載された、月刊「ザ・リバティ」2013年4月号（幸福の科学出版刊）。（右）木の枝に取り付けられた監視カメラ。

日本から駐在《ちゅうざい》で中国のほうにお住まいになっている会社員の方の場合、マンションのドアの奥《おく》に監視カメラがあって、部屋のなかが映るようになっているということでした。一挙手一投足《いっきょしゅいっとうそく》、チェックされるようになってきているとは聞いております。

大川隆法　唯物論国家というのは、そういう技術的なところはけっこう進むんだよね。

釈　すごいですね。

昔、長谷川慶太郎《はせがわけいたろう》先生は、携帯《けいたい》電話が中国で普及《ふきゅう》すれば、情報入手の自由が担保《たんぽ》できるというような説を述べておられましたけど、見事に、その携帯端末《たんまつ》が、国民を監視する時代になりました。

大川隆法　すごいですね。そこまでやりましたね。

人民解放軍で人民弾圧《だんあつ》をしている中国

大川隆法　昔のソ連も便利だったんですけどね。ホテルに泊《と》まって、「砂糖が足りない」とかつぶやいたら、すぐ持ってくる。

釈　ええっ。

大川隆法　ハッハッハ（笑）（会場笑）。テーブルの下に隠《かく》しマイクがあって。

釈　そうなんですか。

大川隆法　ええ。そういうことで便利だったときもあるんですけどね。

釈　いやあ。

大川隆法　今はそこまで便利じゃないですけど。

釈　そうですね。そこまで行ければ便利なのかもしれませんけど（笑）（会場笑）。

大川隆法　あの世がない、要するに、あの世の研究をしていないところは、この世の研究を進めるから、細《こま》かいところまでやれるところはやれるんですけどね。だけど、それが本当に「全体としての幸福につながっているかどうか」は疑問です。

特に、「民主主義」という言葉のところに戻《もど》ってくるとしたら、デモとか反対運動をやっている人たちは、「中国の人民解放軍によって、人民弾圧《だんあつ》をされている」なんていうことに対してショックを受けていましたよね。

釈　ああ。

大川隆法　「解放軍」じゃなかったのかという。

釈　「人民解放軍」ではなく……。

大川隆法　「弾圧軍」。

釈　「弾圧軍」ですね。確かに。

六月四日の●天安門事件《てんあんもんじけん》なんか、まさに象徴《しょうちょう》ですけれども。

大川隆法　今は、最大の敵は、確かに、権力者が持っている軍隊。駒《こま》のように自由に動かせたら、粉砕《ふんさい》できますからね。

●天安門事件　1989年6月4日、中国・北京の天安門前にある大広場で、学生を中心とした一般市民が民主化を求める抗議デモを行ったのに対して、中国政府は人民解放軍を投入。戦車等を出動させて武力制圧し、市民に向けて発砲するなど、多数の死傷者を出した。「血の日曜日事件」とも言われる。

釈　はい。

大川隆法　だから、しばらく前までも、（中国では）年間十万件ぐらいの規模でいろんな暴発っていうか、彼らから見れば「反乱分子による暴発」なんだろうけど、そういうものが起きていたと言われています。まあ、海外からは、それはほとんど見えないしね。

ウイグルの取材を中国に〝許された〟朝日新聞

大川隆法　先般《せんぱん》、われわれがギャアギャア言っているから、とうとう中国も扉《とびら》を開いて、ウイグル自治区の取材を、二カ所ぐらいの施設《しせつ》だったでしょうか。

釈　そうですね。

大川隆法　取材をさせたのが、朝日新聞に二面にわたって載《の》ってたよ。

釈　大きく出していました。

大川隆法　ええ。読んで、分かった？

釈　私も、「ああ、来たか」と思いました。中国が、ウイグル自治区の内部にある、いわゆる「再教育キャンプ」、就業訓練センターみたいなところを二カ所だけ公開したと。それで、日本で取材を許されたメディアが「朝日新聞」だけだったということで、現地に行かれまして。

朝日新聞
2019年（令和元年）5月19日 日曜日
ウイグル族女性「私は中国人」
新疆ウイグル自治区「再教育施設」ルポ
我是中国人
東京都市大学 90th
オピニオン&フォーラム・社説・声
校庭の遊具 点検なぜ不十分

新疆《しんきょう》ウイグル自治区のルポを掲載した朝日新聞朝刊（2019年5月19日付）。

大川隆法　さすがだね。ええ。やっぱり、(中国に)〝選ばれたところ〟は違《ちが》うね(会場笑)。

釈　ええ。「選ばれていらっしゃるんだなあ」と思いました。

大川隆法　すごいね。

釈　朝日新聞のデジタル版では動画も出ていました。職業技能教育訓練センターということで、ウイグル人が調理実習として、中華鍋《ちゅうかなべ》で、小石を炒《いた》める映像なんかが出ていましたけれども。いやあ、ウイグルの方々の顔は凍《こお》っていましたよ。

大川隆法　でも、この記事の最初にはね、「私は中国人です」と、見出しに書いてあったね。

釈　記者が名前を訊《き》くためにメモを渡《わた》したら、「我是中国人《ウォーシーチョングォレン》」とわざわざ中国語で書いてきたということでした。

大川隆法　まあ、（朝日新聞も）文の合間に、何となく批判的なものを入れようとして頑張《がんば》ってはいるんだろうけど。やっぱり、それを伝え切ることはできないような感じの、監視下にある新聞のような書き方をしていたね。

釈　なるほど、そうですね。

以前、総裁先生からもご紹介《しょうかい》いただいた映画として、北朝鮮《きたちょうせん》の、いわゆるつくられた生活を暴露《ばくろ》した映画「太陽の下で―真実の北朝鮮―」（二〇一七年日本公開／ハーク）がありました。

大川隆法　はい。ありましたね。

釈　私は、あれにそっくりだなと思いまして。

大川隆法　うん、〝つくる〟のね。

釈　はい。つくって。

大川隆法　ディレクターあたりまで、こうやって〝つくる〟から。

釈　強制収容所である「再教育キャンプ」で、「みなさん幸せそうにやっていますよ。どうですか、いいでしょう？」とやっているわけですが、あれが全部嘘《うそ》に決ま

らない記事でしたが、入《はい》れただけでも偉《えら》いんでしょう。

あと、もう一つ、中国で最近流行《はや》っている出版物として、「岩波新書」がいっぱい売れているらしい、翻訳《ほんやく》して。

釈　ああ。

大川隆法　その岩波新書の題名を見ると、私の大学時代に読んだようなもので、私の代か、ちょっと前の代あたりの岩波新書もあるんですよ。

それは何かというと、大学紛争《ふんそう》をやっていたころの岩波新書なんです。反米主義が流行ったときの岩波新書が訳されて、売れているらしいです。

これも国策でしょうけど、「朝日」と「岩波」を引きずり出して、あちらで宣伝しているらしいんですね。

釈　なるほど。これは、やはり、中国国民に対する、アメリカについてのプロパガンダですね。

同時に、日米の分断を図《はか》っていくという流れなんだろうとは思います。

大川隆法　しかし、十四億人いても洗脳できるというのは……、いや、これは想像を絶しますね。

釈　そうですね。十四億人の洗脳というと、人類の六分の一になりますので。

大川隆法　ああ、すごいですね。

釈　ええ。やはり、ここについては、本当に、人類にとって、地球の未来がかかっているようなところがあると思います。

大川隆法　われわれは、どうして、日本国民を洗脳できないのでしょう？（人口は）十分の一しかいないのに。

釈　あのー（苦笑）（会場笑）。

4 「戦争・軍事の話ができない日本」のおかしさ

何がおかしい、丸山《まるやま》穂高《ほだか》議員の「戦争発言」

釈　いやあ、先生、「洗脳」というワードを使うと、〝切り取られる〟可能性が高いかもしれませんので……。

大川隆法　宗教こそ本職でなきゃいけないのに、宗教でないところが本職で、宗教のほうが洗脳が下手《へた》だというのは、やっぱり、問題があるよ。生き残れない可能性があるから（会場笑）。

釈　最近、自由民主党で、「失言防止マニュアル」というのを出されたそうです。

それについて、共産党の方がツイッターで拡散しておられて、私も見たんですけれども。

大川隆法　ほう。

釈　たいへん勉強にはなる内容ではあったんですが（苦笑）、やっぱり、〝切り取られるんだ〟と。

大川隆法　やっぱり、党首はよく勉強しているからなあ。

釈　いえいえ。

大川隆法　じゃあ、教えてもらおうかな。

維新《いしん》の会の方が、北方領土について……。

釈　丸山《まるやま》（穂高《ほだか》）議員ですね。

大川隆法　「現地（国後島《くなしりとう》）に行って、『君たちは戦争してでも、この島を取り返したいかい、どうかい』と訊《き》いた」ということで、党をクビにされて……。

釈　そうですね。

大川隆法　あと、自民とか公明とかが、「追及《ついきゅう》してやる」と言っているけれども。

釈　●野党は、「議員辞職までしろ」と。

●**野党は……**　2019年5月17日、日本維新の会や立憲民主党など野党６党派が、丸山穂高氏の議員辞職勧告決議案を共同で提出。また、5月21日には、自民党と公明党が丸山氏に反省を促す譴責《けんせき》決議案を提出した。

大川隆法　「本邦《ほんぽう》初質問」です。これについて、幸福実現党本部ではどのように考えられているんですか？

釈　（笑）

大川隆法　私なんか、もしかしたら、ああいうことを言うかもしれないから、訊いておかないと（会場笑）。

釈　まあ、確かに、「実際、あれはどういう場で」というと、お酒が入った上での話なんですね。

大川隆法　お酒が入っていたんですか。

釈　私は、音声まではチェックしていなくて、申し訳ないのですが、やはり、ＴＰＯ的には、その場その場の不用意なお話だったんだと思います。

特に、あちらのほうだと、いろんな戦いがあって、玉砕《ぎょくさい》したような島もある。そうした歴史的なものや、先人たちからそういう話を聴《き》いた上で、それを言っているのか、どうなのか。

もしかしたら、「不用意に、いきがって話しているだけじゃないか」というように感じられたのかもしれません。

大川隆法　国会議員には、「言論の自由」はなかったんでしたっけ？

釈　いやあ、あのー、まあ、先生としては、そういう切り口でいらっしゃるんですね。

大川隆法　言論の自由はないんですか？

いやあ、「どの程度、島を返してほしいか」という熱意を確かめたかったのであれば、それを訊くのは、国会議員としては別に構わないと、私は思うんですよ。

釈　はい。

大川隆法　問題があるのは、「首相」と「外務大臣」と「防衛大臣」で、彼らがそれを言ったなら、戦争になる可能性がありますから、責任問題は出ますけれども。

釈　なるほど。

大川隆法　あんな、なるはずがない人が、どう思っているかを訊くのは、別に全然問題ないと思うんですよ。「そのくらい、返してほしいのか」と。

戦争で取られた領土の場合は、普通《ふつう》は、戦争で取り返す以外には返りませんから。

あとは、「お金であれが買えるかどうか」という問題でしょう、日本の場合。ただ、「北方四島をお金で買い戻《もど》す」となったら、国民もまた黙《だま》ってはいないということでしょう。

釈　そうですね。沸騰《ふっとう》しますね。

大川隆法　でも、プーチンさんが今、（日本と）平和条約を結ぶのにちょっと難色《なんしょく》を示し始めている理由は何かというと、まあ、北方四島のうちの、大きいほうの島には、もうロシアの軍事基地ができているわけですよ。

その軍事基地は何のためにできているかというと、まあ、日米同盟がある、と。今、日米同盟で、共同的に防衛訓練ができるようになっているレベルですので、日米が、もし島を取り返しに来るとなると困るから、その防衛のために、基地を増強してあるんですね。まあ、近年ですよね、それをやったのはね。

釈　はい。

大川隆法　ということであれば、要するに、ロシアの側は、「日本、もしくは、アメリカが島を取り返しに来ることはありえる」と考えて、想定して、あそこに現実に基地をつくっているわけですよ。

「それに対してどう考えるか」と、いちおう、考えを練ること自体は、別に問題はないことなんですよね。

釈　なるほど。そうですね。

日本では報じられない「二島返還《へんかん》でよい」理由

釈　私たち幸福の科学グループの支部がロシアにもあります。現地の人に、ちょっと話を聴いてみたところ、現地の報道では、二島あるいは四島の返還《へんかん》について、「ロシアとしては、善意で付き合っているんだ。なのに、（日本側は）しつこく言ってきている」というような感触《かんしょく》らしくて。

大川隆法　ああ。

釈　（ロシア人には）日本に対する尊敬の思いや、日本が好きだという気持ちはあるようです。当然、日露《にちろ》戦争の東郷平八郎《とうごうへいはちろう》司令長官の徳もあって、そういう感情はあるけれども、二島あるいは四島返還のところについては、「つけ上がらせると、今度はサハリンまでよこせと言ってくるんじゃないか」というような感覚なんだと言っていました。

大川隆法　全体的には、八割ぐらいのロシア人は親日なんですよ。プーチン（政権）下で、特にそうなんですけれども、一定の、日本国内の報道で十分でないと思うのは、「四島のうち二島には、もう軍事基地が増強されて、できている」というところですね。

だから、すぐに返せないのは、それはそうだと思うんですが、そのへんが、（日本人には）よく分かっていないところはあるんですよね。

釈　なるほど。日本では、そういう情報はなかなか聞こえてきません。

大川隆法　あと、もう一つとしては、まあ、私なんかは、いつもは強硬派《きょうこう》に見えているんだと思うけれども、ロシアに関しては、「諦《あきら》めるものは諦めて、結べるものは結んで、前進したほうがいい」という言い方をしているから、「えらいさっぱりしているなあ」と、不思議に思われている向きもあるとは思います。

終戦のご聖断《せいだん》は一九四五年三月に下るべきだった

大川隆法　これには、終戦をめぐっての解釈《かいしゃく》の問題はあることはあるので。

釈　うーん。

大川隆法　日本としては、「（一九四五年）八月十五日、ポツダム宣言を受諾《じゅだく》したことで戦争が終わった」という判断ですよね。

釈　はい。

大川隆法　だけど、彼らが考えているのは、「九月二日の、ミズーリ号上での調印式が終わるまでは、（戦争は）終わっていなかった」という見解で、これが、いちおう議論としてはあるんですよ。
だから、ロシア側としては、「八月十五日は、日本が一方的に戦いを止《や》めたと言っているだけで、戦争は終わっていなかった」という見解ですね。

釈　そうですね。

大川隆法　これをあんまり言うと、日本側に不利になるから、私は言わないけれども、これについては、向こうの言い分にも、半分、理はあるんです。

釈　はい。

大川隆法　もっと言えば、「八月十五日に負けを認めた」ということ。この判断のところについては、日本に問題はあったと思うんですよ。

釈　うーん。

大川隆法　認めるんだったら三月。一九四五年の三月の東京大空襲《だいくうしゅう》で、十万人以上、焼け死んでいますね。「あの段階で、ご聖断《せいだん》は下るべきだった」と思うんですよ。

釈　ああ……。

大川隆法　広島、長崎《ながさき》に原爆《げんばく》を落とされて初めて、「もう、これは勝てない。やめよう」というのは……、これは遅《おそ》かったな。

ここのところの責任はあると思いますね。

釈　国民に、〝油の雨〟を降らされて……。

大川隆法　もし、そのあたりでやめていたらね、強制労働で、六十万人もシベリアに抑留《よくりゅう》されることもなかったし、島（北方領土）も取られていないし、広島、長崎のご先祖たちも死んでいないですからね。

あのへんの戦局の見極《みきわ》めは、悪かったところはあるわね。

まあ、このへんは言い出すと、きりはないけどね。

軍事を学ばないと、国際政治学は抽象概念《ちゅうしょうがいねん》の平和論に終わる

大川隆法　ただ、一つ言いたいのは、「軍事や戦争に関することについて議論すること自体がタブーだとか、そういう話をすること自体が平和に対する罪だとかいう考え方は、気をつけないと危ないですよ」ということですね。

釈　確かに、そうですね。街頭《がいとう》演説などで、「戦争」なんていう言葉を使うと、若

い人は「怖《こわ》い！」と感じるようです。

大川隆法　うーん。

釈　若い人のなかには、〝パワーワード〟といいますか、こうした強い言葉に対して、かなり抵抗《ていこう》を感じている人も多いし、そもそも学校で、「戦争」について、あるいは「軍事」について教わることはないですので。

大川隆法　なるほどね。そこも難しいんだよな。

釈　海外では教えていますし、それは常識です。逆に、「軍事を知らなければ、平和を語ることもできない」というわけです。

大川隆法　そうだね。私は、学生時代に、たまたま国際政治などを中心的に勉強していたので。「国際政治」の勉強をしていると、どうしても「軍事」の勉強をしないと、分からないものがあるから、ついでに勉強したところもあるんですけどね。でも、ここで思考が止まってしまって、抽象概念《ちゅうしょうがいねん》だけで「平和論」を説いて、実際のところまで話が行かない部分があるんですよね。

釈　はい。

一九四一年の御前《ごぜん》会議、その情報精度の低さと判断の間違《まちが》い

大川隆法　先の大戦だって、例えば、戦争を開始する前、一九四一年、日本時間で十二月八日に開戦して、パールハーバーを攻撃《こうげき》するまでの間に、御前《ごぜん》会議は三回行われた。

御前会議というのは、天皇陛下《へいか》が臨席をしての会議ですね。夏から秋、そして、

最後は十二月一日ですね。三回やって、天皇陛下が裁可されて、戦争が始まっている。だから、天皇陛下の裁可で戦争が始まっているんですけど、要するに、そのときの中心的な議論は何だったかというと、「石油の備蓄《びちく》はどのくらいあるのか」ということだったんですよ。

釈　はい。

大川隆法　で、「石油の備蓄が尽《つ》きるから、それが尽きる前に奇襲《きしゅう》をかけて戦い、先手を取らないかぎり、勝ち筋《すじ》はない」という読みだったんですね。

釈　はい。はい。

大川隆法　ところが、日本の石油の備蓄がどのくらいあって、どのくらいまで続くのかということ、要するに、「ABCD包囲網《もう》」をつくられ、禁油されて、それがどのくらい続くかを判定する資料は、実はなかったんです。

釈　ああ……。

大川隆法　軍部のほうは、その備蓄を隠《かく》しているから、発表しない。「それを計算しろ」と言われて出した人は、石油の専門家でもなく、石炭の化学的な部分を研究する人だったらしいけれども、軍部のほうが幾《いく》ら持っているか発表してくれないので、「だいたいこのくらいだろう」と推測して、それで、「あと、どのくらいもちます」と、つくった数字をもとに御前会議で議論されて、「それじゃあ、戦争するしかないな」と追い込《こ》まれることになったらしいんです。

釈　へえーっ！

●ABCD包囲網　資源を求めてアジア進出を図《はか》った日本に対し、アメリカを中心にアメリカ、イギリス、中国、オランダが石油等の対日輸出を停止し、経済的な封鎖《ふうさ》を強めたこと。太平洋戦争開戦の一因とも言われる。「ABCD」は America、Britain、China、Dutch の頭文字。

大川隆法　これは、日下公人《くさかきみんど》さんが今から二十数年前に書いておられます。そういうことだったらしいので、その数字は、実は正しくはなかったらしい。軍部のほうは知っていただろうけれども、自分らが長く戦える分には文句《もんく》ないから、「追い込まれているんだ」ということを言ったわけです。

（日下さんは）もし、日本があとどのくらいもつかを正確に知っていたら、ナチス・ドイツが戦争で勝つかどうかを見てから参戦してもよかったんだと。だから、（ドイツの戦いを見て）「これは勝てそうにない」と思ったら戦わなくても済んだ可能性があるのに、そこが正確でなかったために、ああいうことになってしまった、ということを言われていました。

釈　ああ、なるほど！

●日下公人（1930～）　評論家。東京大学経済学部卒。日本長期信用銀行取締役、ソフト化経済センター理事長を経て東京財団会長を務める。『新・文化産業論』をはじめ著書多数。『日下公人のスピリチュアル・メッセージ』（幸福の科学出版刊）参照。

大川隆法　あの人、天才だからね。

釈　すごいですね。日下先生。

大川隆法　ちょっと、普通の人とは一緒《いっしょ》じゃないですけど。まあ、その考え方はあるわね。

だから、「備蓄がもうちょっとある」と見ていたら、ナチスが勝ちそうか負けそうかを見てから考えてもよかったかもしれないね。

釈　なるほど……。「歴史のＩＦ《イフ》」のところですけれども。まさか、石油の備蓄に関する資料があるかないかで……。

大川隆法　そう。なかった。推測で、「あとどのくらいで終わり、駄目《だめ》になります」

ということで会議したらしい。

釈　はあ！　そうですか。そう考えると、財務省の改竄《かいざん》なんていうのは、本当に、もう〝切腹《せっぷく》もの〟なんですね。

大川隆法　そうなんですよ。こういうところを、けっこう詰《つ》めていかなきゃいけないんですよ。

釈　ええ。

軍事的技術の知識があれば、南京大虐殺《ナンキンだいぎゃくさつ》は根拠《こんきょ》なし

大川隆法　あとは、例えば、南京大虐殺《ナンキンだいぎゃくさつ》の問題で、「三十万人殺された」というものがある。

釈　はい。

大川隆法　「当時の日本軍の機関銃《じゅう》で、三時間撃《う》ち続けて三十万人殺した」と書いてあるものがある。

しかし、当時の日本の機関銃では一時間半以上は撃てない。だから、「三時間撃った」というのは、もうありえない話なんです。

それから、「三十万人殺した」と言うけれども、撃てる弾《たま》の数は一万五千発が限界なんです。だから、ありえない。一時間半たったら、この、銃身が熱くなって、新しいものに取り換《か》えないとできない状況《じょうきょう》だったのですね。

あの数字が、実は、「原爆一発よりも多くの人を殺した」という数字をつくるためにできた数字であることはすぐに分かります。そのへんを科学的に分析《ぶんせき》すれば、ありえないことがすぐ分かってしまうわけです。

釈　なるほど。物理的に無理だということですね。

大川隆法　ええ。「無理だ」ってことが分かるんですがね。

このようなことがあるから、軍事的な技術とか戦い方とかを、事実として、あるいは、科学的に知っているということは、正しい判断をする上では非常に大事なことなので、「話をすること自体がタブーだ」というのは問題なんですよ。

釈　そうですね。

大川隆法　「北方領土を戦争してでも取り返したいか」というのは、私だったら訊いてみたいわ。「でも、（戦争をしたら）どのくらいの被害《ひがい》が出るかということは考えられるか」と訊いてみたい。

釈　いやあ、そういう意味で言うと、まさに、「その民主主義というものが、どれだけ〝空気〟に支配されているか」ということですね。

大川隆法　うん。言葉尻《じり》を捉《とら》えて、それをパッと極大化したら、それで空気がババッとどちらにでも動くからね。

釈　うーん。

大川隆法　そういうふうに、何か「新しい問題」が急に空気のように出てきて、大きくなって、ウワーッとみんなが動いていくようなときもあります。

5　仕事があまりにも遅《おそ》い行政

新天皇は、五カ月後に即位《そくい》パレード、一年半後にやっと引っ越《こ》し

のもある。

大川隆法　一方で、役所主体の行動は、全体にものすごくスローで全然動かないも

例えば、これを言っていいかどうか知らないけれども、令和の時代に入って、かつての皇太子様が天皇になられたわけですけれども、今、赤坂御所《あかさかごしょ》におられて、これから一年半も皇居に通われるそうです。一年半後に引っ越《こ》しして入られるという。

でも、今の上皇様が引退の意向を表明されたのは、三年前ですよね。「それで何も準備していなかったのか」ということに対しては、やはり、役所仕事の〝驚《おどろ》くべき遅《おそ》さ〟を感じますね。「これからなかをいろいろと改造したりするので、一年半

かかる」とおっしゃっている。

さらに、最近出ているものでは、「十月ごろに新天皇皇后両陛下《へいか》が、見晴らしのいいところを四・六キロぐらいパレードする」ということですね。今日の新聞に出ていました。

釈　そうですね、はい。今日、出ていました。

大川隆法　「五月一日即位《そくい》で、十月にパレードをする」というので、この仕事の遅さは、私たちが感じている〝役所の仕事〟そのものですけど。

釈　（笑）確かに。はい。

大川隆法　まあ、民間的にはありえないことでしょうね。

釈　そうですね。「早く見たい」という国民の声はあるのかもしれません。

大川隆法　五月即位で、十月に四・六キロのパレードをするという話をしている。遅いですねえ。

釈　そうですね。寿《ことほ》ぐ気持ちを思えば、「もっと早く早く」というのはあるでしょうね。

政府のほうでは、増税のタイミングに合わせて、お祝いのパレードでそれを消し込《こ》もうとしているわけでもないでしょうけども。

大川隆法　ああ、なるほど。そういう考えもありますか。でも、単に遅いだけというのもあるかもね。「考えていなかった」という。

釈　はい。そうかもしれないですね。

幸福実現党は、言い出した翌日に立党宣言、一月《ひとつき》たたずに届け出た

大川隆法　それから、以前、羽田孜《はたつとむ》元首相の奥《おく》さんが書いた手記を読んだことがあるけれども、六十四日ぐらいだったか、首相公邸《こうてい》に住んだときの話が出ていました。

それで、名前を挙げてはいけないけど、前に使っていた総理夫妻か歴代のものかはともかく、お風呂《ふろ》の使い方が汚《きたな》く、排水溝《はいすいこう》に髪《かみ》の毛が詰《つ》まっていて、お風呂の水が抜《ぬ》けなかったそうです。しかし、「これを直してくれ」と言ったら、「来年度予算の審議《しんぎ》があれば直せる」と言われて、「えぇーっ!?」と驚いた。予算を組めないかというので、自費でお風呂の排水溝を直そうとしたら、そのときにはもう、総理をクビになっていたという、まあ、そんな話でしたから（会場笑）。

●羽田孜（1935～2017）　政治家。第80代内閣総理大臣。細川連立政権では副総理を務め、1994年、細川首相の突然の辞任に伴い後継首相に指名されるも、連立のいざこざから64日で退陣した。綏子《やすこ》夫人の著書『首相公邸　ハタキたたいて64日』には、首相公邸での日々が綴《つづ》られている。

釈　そうですか（笑）。

大川隆法　もう、笑えるよね、これねえ。ほとんど笑えるレベルです。

釈　本当ですね。

スピードという意味で言うと、実は、明日《あした》の五月二十三日が、ちょうど十年前の幸福実現党の届け出の日でございまして。

大川隆法　ああ、そうですか。

釈　立党のときは、「幸福実現党宣言」を二〇〇九年四月三十日にお説きいただいてから、五月二十三日に総務省に届け出をして、二十七日に高輪《たかなわ》のほうで立党大

『幸福実現党宣言』（幸福の科学出版刊）

会をやるまで、一カ月かかっていないんですね。

大川隆法　なるほど。四月三十日に「幸福実現党宣言」をやっているけど、「幸福実現党を立てようか」と私が言ったのはいつか知ってる？

釈　前の日ですね。

大川隆法　そうなんですよ。四月二十九日なんです。

釈　それは、私もよく知っておりまして（笑）。

大川隆法　（笑）覚えてたか。残念。もし答えられなかったら、これは問題になるところだった。さすがやなあ。

釈　いや、もう、これは語り継《つ》いでいかなければいけないことです。前の日にファクスが入ってきて、「幸福実現党立党」ということで……、はい。

大川隆法　いやあ、五月十日に、日比谷《ひびや》公会堂で青年・学生中心の大会があったんですね。

釈　そうですね。「勇気百倍法」というご説法《せっぽう》のときです。

大川隆法　「勇気百倍法」か。それで、「第二部で入れちゃおうか」ってやったんですよね。

釈　それで、最初のメンバーがかき集められて、みんな挨拶《あいさつ》していましたけれども、あのスピード感は……。

大川隆法　こちらは一日ですからね、立党まで。

釈　ええ。そういうスピード感は「民間の発想」ということなのかもしれませんけれども、それにしても、やっぱり、うちは本当に速いですね。

大川隆法　いちおう神示《しんじ》・霊示《れいじ》があることはあるから、それを受けたらすぐ動くところはあります。まあ、そういうことですけどね。この世的な時間が遅くなるのを速くしようとしているけれども。

でも、何でも速すぎて、なかなか分からないこともあって。今、十年ぐらいたって、「あっ、幸福実現党っていうのができたんだね」とか言ってるんじゃないの?

（会場笑）「あっ、まだあったんだね」とか、いろいろある。党は移行期かもしれないけど、認識してもらうのに時間がすごくかかるんですよね。

釈　そうですね。時間がかかりますね、やっぱり。ポスターを貼《は》っていただいて、チラシを配って、選挙をやって……。

大川隆法　うん。うん。もう、遅《おく》れてるね、このやり方は。うーん。

釈　もう、十年もかかってしまって。本当に、これから巻きを入れますので。

大川隆法　やっぱり、トランプさんに、ちょっと〝勉強〟を教えてもらわにゃいかんねえ。「どうやって、あんた、安くして勝つんですか？」っていうの。

釈　ああ、そうですね。安上がりで……。

大川隆法　あの人は偉《えら》いわね。広告代よりも、「ニューヨーク・タイムズ」の一面に載《の》せてもらうほうが、やっぱり、安上がりだね。

釈　そうした、〝騒動《そうどう》〟を起こせるようなキャラになりたいものだと（会場笑）、私も思っております。

大川隆法　すごいですよね。

　ついでながら、最近、私の『常勝思考』（幸福の科学出版刊）を次に増刷するときに、やっと、もう一回、改《かい》訂《てい》版を出してもらうことになったんですけどね。三十二歳《さい》のときに書いた『常勝思考』という本があるんですが、

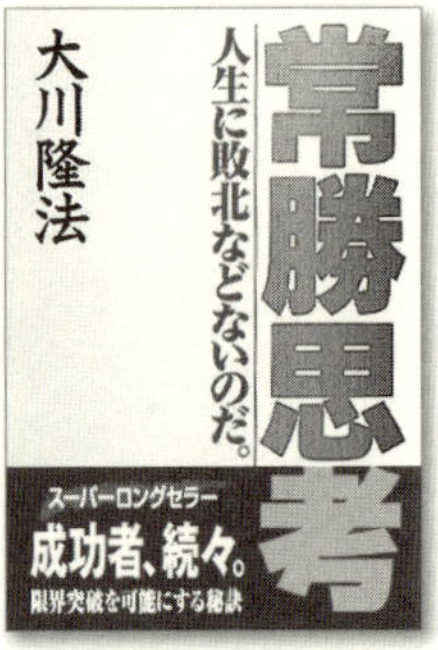

『常勝思考』（幸福の科学出版刊）

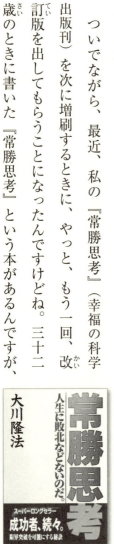

これは、一九八九年の初版発刊でね。そこに、「トランプ氏は大統領になるだろう」と書いていて。

釈　あっ！　そうですね。確かに、当時、私もそれを読んだことがあります。

大川隆法　それを書いてあったのにね、編集部が改訂版から勝手に削除《さくじょ》したんですよね（会場笑）。そのころ、トランプさんが不動産で失敗していったから、「これはもうないだろう」と削《けず》られていたらしい。

釈　ああ……！

大川隆法　及川幸久《おいかわゆきひさ》外務局長が、「三十年前、『常勝思考』初版で、大川先生はトランプ氏が大統領になることをすでに予言していた」と気づいた。今さらながら、

「もう一回、初版のものに戻《もど》そうか」という話をしているんだけど。

彼はね、四十一歳のときに自伝を出したんですよ。『トランプ自伝』という本を出したので、それを読んで写真を見たときに、「ああ、この人は大統領を目指しているな」と思ったんですよ。

釈　ピンとこられたんですか。

大川隆法　ピンときた。「（大統領に）なる可能性があるな」と思った。

釈　そうした予言めいたお話を、私も幾《いく》つも伺《うかが》っております。某《ぼう》元大臣に、「あなたは、将来、大臣になるよ」と言ったら、そのとおりになったとか……。

大川隆法　ああー、それは、あまり思い出したくないよな（会場笑）。

釈　そうですね、すみません。失礼いたしました。まさに失言でございました。

大川隆法　うーん。「あなたは、文部大臣（当時）にはなるでしょう」と予言した人がなってね、そのあと、幸福の科学大学を不認可にしてくれたから、本当に、あれは言うんじゃなかったよ（苦笑）。

釈　そうですね。すみません。

大川隆法　あのとき、（その人は）まだ都議だったからねえ。「（国政選挙に）立候補しないほうがいいでしょう」と言うべきだったね。

6　バラマキは、政治家延命のための「買収」

見え見えの「選挙乗り切り政策」――幼保無償化《ようほむしょう》

釈　少し、話題を変えさせていただきます。

大川隆法　変えましょう（会場笑）。これは、よくない。

釈　（今の政府の政策が）「幼保《ようほ》の無償《むしょう》化」とか、「高等教育の無償化」といった方向に向いてしまったり、「国が音頭《おんど》で定年を延ばす」というように、だんだん、日本人の生き方や考え方自体が変わってきてしまっていることに対する心配があります。

大川隆法　ここねえ。いや、それは、発展途上国《とじょう》のみなさんもこれから考えなくてはいけないことだろうし、それから、もう少し貧しいところもあるので、どう考えるべきかというところだね。

確かに、基本的な考え方としては、学習・教育の部分をやれば、よい職業に就《つ》けて、収入が増えて、国力も上がっていく。

釈　はい。

大川隆法　基本セオリーは、そのとおりなんだけどね。ここが、今、この日本という国が、「このままゆっくりと沈没《ちんぼつ》していくのか」、それとも、「まだ先があるのか」という分かれ目であるような……。

釈　まさに、岐路《きろ》に立っていると思います。

大川隆法　そのとおりだね。

それから、「安倍《あべ》さんについてあまり言うのはもう気の毒だから、黙《だま》っていたほうがいいなあ」と思いつつも、言うんだけどね。

釈　ええ。

大川隆法　消費税を十パーセントに上げるときに、「幼稚園《ようちえん》や保育所の無償化」を言ったり、「私立（幼稚園）もそうだし、無認可のもの（保育所）まで補助金を出す」とか、「高等教育も無償化する」とか言ったりしているけど、やっぱり、消費税上げの大義名分《たいぎめいぶん》は違《ちが》っていたんじゃないのかね。

釈　そうですね。

大川隆法　基本は、一千百兆円の財政赤字でしょう?

釈　一九八九年に消費税を導入したときは、「財政赤字の解消」ということでしたけれども、そのあと、二パーセント上げて五パーセントにするとき、また、次に八パーセントにするとき、この二回とも、やはり、そのあと財政赤字は右肩上《みぎかた》がりで増えてしまっています。

大川隆法　そうですよね。

釈　ええ。これは失敗しています。

大川隆法　今回、見ていたら、「そういった教育無償化をやるために、あるいは、幼稚園や保育所だったら、出産が増えるように国が税金を投入するためには、やっぱり、消費税を上げたほうがいい」という感じの論理になっていて、これは（国民が）騙《だま》されているよね、はっきりと。

釈　騙されていますよ、本当に。何度目かの「騙し」に入っていると思います。

大川隆法　ここが、私が、あまり好きではないところだね。

釈　そうですね。

大川隆法　こういう、もう「見え見え」なんだけど、でも、これで、みんな目先はやれるんですよね。やはり、「選挙だけ乗り切ればいい」という。

小さくやると「買収」だが、大きくばら撒《ま》くと「政策」になる謎《なぞ》

大川隆法　これがね、今日の、「君たちの民主主義は間違っていないか。」というテーマで言いたいことの、一つの見方なんですけれども。

釈　はい。

大川隆法　要するに、「バラマキを要請《ようせい》する力」が、民主主義にはあるんですよ。「一人一票」というのは、いい意味ではいいんだけどね。悪い意味では、要するに、税金を納めておろうが納めておるまいが、あるいは、収入を高くあげていようがあげていまいが、従業員に給料を払《はら》っていようが払っていまいが、一人一票は一票なんですよ。

釈　ええ。

大川隆法　そうすると、数多く票を取ろうとすれば、どうしても、「バラマキ型」になるんですよね。

釈　はい。

大川隆法　そうすると、「選挙直前に何を撒《ま》けるか」ということが問題だ。これは本当は、ある意味では「買収」なんだけれども、大きくやれば買収ではなくなるんですよね。

釈　なるほど。

大川隆法　「政策」になる。

釈　そうですね。

大川隆法　小さくやると、一人に千円をやったら、これは買収になるんですよ。ここはね、ある意味では賢《かしこ》いんだろうと思うけれども、でも、これは、「神様・仏様は許さない賢さ」だと思いますね。

釈　そうですね。まさに、ばら撒いて国民が堕落《だらく》したときの、国家の指導の責任は重いと思います。

大川隆法　いや、それは、「民主主義か、衆愚政《しゅうぐせい》か」、本当に、その境目だと思うんです。「何をくれるの？」というかたちでしか投票行動をしないのなら、やっぱり、その国民性は低いですよ。

釈　そうですね。嫉妬《しっと》主導型の民主主義に陥《おちい》ってしまうと、とんでもない方向に行きかねないし、「国民全員が地獄《じごく》に堕《お》ちる」ことになってなりかねません。やはり、そこに、「自助努力」という考えが入るかどうかが、本当に大事だと思います。

バラマキは、政治家が二年でクビにならないための五十五年体制システム

大川隆法　だから、民主主義のところでは、この〝お金のバラマキ〟のところも問題だし。もう、これは「民主主義の罠《わな》」で、先進国もほとんど逃《のが》れられないんですけれども、必ず財政赤字になる。撒かなきゃ勝ち続けられない。

釈　ええ。

大川隆法　だけど、もし職業として選択《せんたく》するなら、参議院でもマックス（任期）六年、（半数が）三年交代でやっていますけど、衆議院だった場合、平均したら二年ぐらいのことが多いですからね。二年でクビになる職業といったら、これは、パートタイム、あるいは、派遣《はけん》社員に近いぐらいですから、職業としては成り立たないんですよね。

釈　そうですね。

大川隆法　そういう意味では、職業を続けていけるためには、システムをつくらなきゃいけない。そのシステムというのは、戦後の五十五年体制●における、自民党一党の（政権）独占《どくせん》による〝撒き続ける〟システム。

●五十五年体制　1955年に成立した、与党第一党は自由民主党、野党第一党は日本社会党が占める政治体制。以後、自由民主党の政権維持が1993年まで40年近く続いた。

釈　なるほど。それが〝バラマキ〟である、と。

大川隆法　そういうシステムをつくって（財政赤字を）増やしてきた。

釈　ああ……。

大川隆法　あと、もう一つは、「口利《くちき》きをしたら票がもらえるし、献金《けんきん》してもらえる」ということがありましたよ。

これに対しては、今、法律で、「斡旋収賄罪《あっせんしゅうわいざい》」など、いろいろなことを罰《ばっ》するので、だんだん、できにくくなっているけれども、ある意味では、〝政治の原点〟ではあるんですよね。

釈　うーん、なるほど。

大川隆法　これは、役所が言うことをきいてくれないから、政治家に頼《たの》まないとできない。政治家に頼むと、東京医科大みたいなところでも、ちゃんと（口利きで）入れてくれるわけですよ、以前はね。私のころもそうでしたから。

今では、政治家に言っても入れてくれなくなったから、問題が出てき始めているのかもしれませんけれども。ただ、以前はそうでしたよ。

釈　うーん……。

大川隆法　それはできた。だけど、だんだんできなくなってきつつある。そうすると、余計、巧妙《こうみょう》にやる以外に、もう勝ち続ける方法はないわけなんですね。

釈　ああ、なるほど。

大川隆法　だから、（参院選の）直前にねえ、ああいう見え見えなこと（幼保や大学の無償化法の成立）をやっても、「それに対して批判が書けない」というのは、若干《じゃっかん》、マスコミも押《お》されているのかもしれないけど、弱いことは弱いし、ちょっと悲しいなあ。

釈　そうですね。

教育の質を低下させる「無償《むしょう》化」の間違《まちが》い

釈　ゼロ歳児《さいじ》を一人預けるのに、ある先生の試算によると、ある区で、だいたい六百万円近くかかるらしいんですね。

大川隆法　うん、うん。

釈　国が税金でゼロ歳児の面倒《めんどう》を見たら六百万円かかるとしたら、そんなの割が合うわけはないので、必ず見直しが始まります。

大川隆法　なるほどね。

釈　それから、今度は、「幼保の無償《むしょう》化」につきましても、みんな「預けよう」という気持ちになっているようですけれども、逆に、「追い出し」も始まっているという説もあります。

大川隆法　なるほど。

釈　「おたくのお子さんは素行《そこう》が悪いので、出ていってください。ちょっと預かり切れません」と。そのときに、無料だったら、これに対して言い返せませんので、「そうですか」と追い出されることになります。

やっぱり、「タダより悪いものはない」と言いますか、質が低下してきます。「どうやって、最後まで子供の面倒を見ようか」という発想には、なかなかならないでしょうし……。

大川隆法　いやあ、それが、そんなに手厚くやっても、いい子はできないんだよなあ。そうやって、親不孝者が出てきたり、遊びを覚えたりして、ろくでもないほうに行くのもけっこう多いからね。投資効果が、あまりないい場合があるんですよ。

7 「信仰《しんこう》なき民主主義」は、なぜ間違《まちが》っているのか

中国や日本には、「道徳に基《もと》づく行動」「神仏を信ずる宗教的精神」がない

釈　先般《せんぱん》アメリカで、「米国で最も裕福《ゆうふく》な黒人」と言われるような資産家が、伝統的に黒人の方が通っているアトランタの大学の卒業式で、「約四百人の卒業生の学生ローンを、全部、自分が肩代《かたが》わりする」と言って、卒業式が大いに沸《わ》いたということで、報道になっていました。

大川隆法　へえ。

釈　肩代わりの額はだいたい、日本円で四十四億円ぐらいらしいんですね。しかし、

これをどう考えるべきなのかというところで、「ちょっと待てよ」と思ったのが、（アンドリュー・）カーネギー先生やロックフェラー先生といった、まさに「富の神様」のような方々は、「個人に現金を渡《わた》す」ということに対して、非常に警戒《けいかい》しておられました。

大川隆法　そうだね。

釈　必ず、公共の大学や図書館、こうしたものの創設にお金を使っておられました。なぜなら、慈善《じぜん》で個人にお金をあげる、例えば、「十セント恵《めぐ》んでくれ」とか、「一ドル恵んでくれ」とか言う人にお金を恵んだら、また必ず、「くれ」という気持ちを起こさせるだろう、と。

大川隆法　そうだね。

釈　そういうわけで、やっぱり、富というものを知った人は、「お金を不用意にあげたときには、すぐに堕落《だらく》につながる」ということへの警戒感を、ものすごく持っていらっしゃいました。

大川隆法　うん。

釈　このたび、渋沢栄一《しぶさわえいいち》先生も、新しい紙幣《しへい》の顔になりましたけれども、日本も、そろそろ、「資本主義を、この民主主義社会のなかで、どうすれば正しく続けていけるのか」という哲学《てつがく》のところが大事になってきているなと、すごく感じます。

大川隆法　まあ、中国も、法治国家のつもりで、法治主義をやっているつもりらしいし、日本もそうで、国会で法律をつくりまくっているね。

釈　ええ。

大川隆法　要するに、法律をつくっているけど、その「上」がないんだよね。

釈　ああ……。

大川隆法　だから、「道徳に基《もと》づく行動、道徳律に基づく行動」がないし、道徳の上の「神仏の心を体《たい》した宗教的精神」がないからね。「法律でつくったものが万能《ばんのう》になって、全部だ」と言うのでね。

〝布団《ふとん》で簀《す》巻《ま》き事件〟？

大川隆法　私の長女に、もうすぐ一歳《さい》になる子がいるんですけれども、今年の春ぐらいだったかな、徳島の田舎《いなか》にいる母、つまり私の孫から見たら、ひいばあちゃんのところへ、（長女がその子を）会わせに連れていきました。

釈　おお。

大川隆法　（長女の）お父さん、これは私のことですね。「お父さんは若いころ、子供のときには、どうしていたか」と、長女は私の母に訊《き》いたそうです。要するに、幼少時の教育の問題ですね。「どうしていたのか」って。

今、幼保《ようほ》（の問題）を言っているからね。「保育所や幼稚園《ようちえん》を、どうしたらいいか」「どうしたら、いい教育ができ、よくなるか」を言っているから。「総裁先生はどうだったんですか」って訊いたわけです。

（私の幼少期には）私の母も仕事をしていて、忙《いそが》しかったので、（子供の）面倒《めんどう》を見ていられない。そういうときには、どうするかっていったら、「ああ、隆法先生の場合は、（布団《ふとん》で）簀巻《すま》きにして押《お》し入れに放り込《こ》んどいた」って（会場笑）。

釈　それは……。

大川隆法　私はそれを六十年後に聞いて、ちょっと衝撃《しょうげき》を受けて（会場笑）。

釈　それは、今だったら、まさに……。

大川隆法　〝虐待《ぎゃくたい》〟とかになる。

釈　虐待ですね。ええ。

大川隆法　「だって、うるさいから。簀巻きにして、押し入れに放り込んでおかないと、ギャアギャア言うから」って……。

そうしたら、私はどう言ったか。それも聞いてきてくれたんですよ。

釈　ええ、ええ。

大川隆法　「総裁先生は、そのときに、『僕《ぼく》、死んじゃうよ、こんなことされたら』って言っていたけど、仕事が終わり、帰ってきたら、グーグー寝《ね》とった」と（会場笑）。

釈　ああ。

大川隆法　「それだけだった」って。（長女が）そういう話を聞いて帰ってきたので、「一円も要《い》らなかったんだな」と、つくづく思いましたね。

釈　なるほど。

大川隆法　簀巻きだったか（会場笑）。うちの孫には、そんなことはないんですけどね。

釈　そうですね。

大川隆法　ええ。そこまでされていませんが。

大川総裁が、幼年期に近所の家に預けられていた理由

釈　昔は、おんぶひもで……。

大川隆法　そうそうそうそう。

釈　お兄ちゃん、お姉ちゃんが、赤ちゃんを背負っているんだか、ぶら下げているんだかっていう感じで……（会場笑）。私も、よく、いとこに背負ってもらいました。

大川隆法　私は、二歳三、四カ月ぐらいまで、何百メートルか離《はな》れた家に預けられていたこともある。両親とも働いていたから。

あれはひどかったな。兄のときには、おばあちゃんがいたから、いろいろな幼児教育をしてくれて、ちょっと絵本を読んでくれたり、いろいろ勉強させてくれたりしたのに、こちらはポンッと放り込まれて、何もしてもらえなかったから、「ひどかったね」って話していたら、「あれには別の理由があるんだ」って、今回、（長女が私の母から）聞いてきた。

釈　はい。

大川隆法　（私は）兄と年が四つ違《ちが》っていたけど、「上の子は体が大きいし、下の子ができたら嫉妬《しっと》して、親が見ていないところでお腹《なか》を蹴《け》ったりするから、命の危険がある」と思って、預けたんだそうです。

その言い訳が本当かどうかは分からないので（会場笑）、嘘《うそ》かもしれないけれども、とりあえず、「兄が弟をいじめているのを阻止《そし》できないから、預けたんだ」と言ってくれたので、「なるほど。私は殺されかけとったんか」ということまでは分かりました（会場笑）。

釈　（笑）やっぱり、「生命力の強さ」っていうのは大事なものですね、そういう意味では。

大川隆法　それを考えると、一円も要らないね。

釈　ええ。そうですね。

大川隆法　もう、「あとは自分で頑張《がんば》れ」って言えば、それで済むことは済むんだな。

世の中には「便利な裏道」などない

釈　手をかけすぎの時代ではあるんだと思いますよ、ほんとに。

大川隆法　かけすぎだと思いますね。

釈　ええ。

大川隆法　そのあとが悪いから、いけないんでね。

小学校の塾《じゅく》とかでも、ずいぶんお金がかかり、高いところだと月に八万円も取る塾もあるんだけど、要するに、「エリート中学にさえ入れれば、あとは〝エスカレーター〟であり、確率戦で、ええところに入れるんだ」みたいなことを教えるんだよね、小学校のときの塾の先生が。

それを信じて、「入ったら、もういい」と思って、怠《なま》けちゃうと、あとは（普通《ふつう》の人と）一緒《いっしょ》ですよね。

釈　なるほど。

大川隆法　田舎の高校でよく勉強した人に負けちゃうレベルになってしまう。

釈　うーん。

大川隆法　結局、個人個人に戻《もど》ってくるんだけど、その因果《いんが》の理法《りほう》が解けなくて、「より便利な裏道があり、それにさえ入ればスーッと行ける」みたいなことを考えたりする。そういう、まるで「振《ふ》り込め詐欺《さぎ》」風の勧《すす》め方もいっぱいあるけど、「いや、世の中にそんな甘《あま》い道はないんだ」ということなんですよね。

釈　そうですね。

大川隆法　一つひとつ正直に……。

途上《とじょう》国では、「神仏が見ている」「正直に生きる」「勧善懲悪《かんぜんちょうあく》」の教育が大事ほんとね、「日本昔ばなし」ですよ。「神仏があって、よいじいさん、ばあさんと、悪いじいさん、ばあさんがいて、よいじいさん、ばあさんには、小判《こばん》を掘《ほ》り当てたりして、いいことがいっぱいあるけど、意地の悪い人がそれをまねしたら、今度は悪いものがいっぱい出てくる」。そういうことが書いてある。

今ね、「貧困」を言っている国、最貧国には、十億人ぐらいいると思うんですけど。食糧《しょくりょう》が手に入らない……。

釈　そうですね。貧困で食べられない方々。

大川隆法　でしょう？（「日本昔ばなし」が必要なのは）あのレベル（の国）だと思うんですよ。「日本昔ばなし」を翻訳《ほんやく》して勉強し、「ああ、そうか。神仏を信じて、正直に生きたら、いいことがある」と。「ずるいことをして、お金を手に入れようとしてはならない。例えば、盗《ぬす》んだり、ひったくったり、泥棒《どろぼう》に入ったりしても、金が手に入るのは働くのと一緒だけど、でも、それでは滅《ほろ》びるんだ」っていうこと。「勧善懲悪《かんぜんちょうあく》」じゃないけれども、その因果関係を教えてあげることから行かないと、（貧しい国の人たちは）幸福になれないんですよね。

釈　なるほど。

大川隆法　お金だけあげても駄目《だめ》なんですよね。

釈　やっぱり、（教えるべきことは）〝魚の釣《つ》り方〟でもあるし。

大川隆法　そうそう。

釈　基本的には、やはり、「神様がいて、いいことと悪いこと、善悪の判断をしなくてはいけない」っていうところですね。

大川隆法　うん。そうそう。

国家の貧困につながる、幾《いく》つかの要因

大川隆法　それから、貧困の原因は何かというと、いちばんは、やっぱり、「国内で、内紛《ないふん》、紛争、戦争、内戦とかがあって、荒《あ》れる」っていうことだね。これが、やっぱり、大きいことは大きいようだけど。だいたい、国内で紛争を七年ぐらいやれば、ＧＤＰ（国内総生産）は十五パーセントぐらい平均的に落ちる。だから、紛争、内乱がよく起きるのは、やっぱり、いいことではない。

釈　そうですね。

大川隆法　そういう国がいっぱいあるわね。（貧困の原因として）これがある。それから、普通は、「資源がないから豊かになれない」ってよく言うし、日本にもないけど、その逆もあって、石油が噴《ふ》き出たりしたら、これで駄目になる国もあるらしいんですよ。

釈　ああ。

大川隆法　普通の職業をみんながやっていたのに、「石油が噴き出た」って言ったら、みんながこれに〝たかって〟しまい、それを頼《たよ》りにしてやっているうちに、ほかの職業が、全部駄目になっていく。そして、石油の効き目がなくなってきたときに、貧しくなっていく。ほかの職業が、みんなもう終わりになっているんですよね。しかたがないので、石油が出るところとかを、今度は襲《おそ》ったりするわけですよ。襲ったらどうするかっていうと、警備が必要になり、セコムみたいな警備が要るので、「警備に雇《やと》ってくれ」ということで、就職する。こんなことを繰《く》り返しやっているところもあるんだね。資源が出たために駄目になるところもある。

釈　うーん。

大川隆法　あとは、近隣《きんりん》によくない国があるために、（経済状況《じょうきょう》が）悪い国もある。まあ、いろいろあるわね。

もちろん、政治制度が悪いために（貧しく）なるものもありますよ。ベネズエラなんか、そうですよね。

釈　そうですね。

大川隆法　「大統領をどっちにするか」で揉《も》めていますけれども（注。南米のベネズエラでは、独裁色を強めるマドゥロ大統領に対抗《たいこう》して、二〇一九年一月、グアイド国会議長が暫定《ざんてい》大統領就任を宣言し、両陣営《じんえい》の対立が続いている)。

ベネズエラでは、コーヒーが一杯《ぱい》二百円ぐらいだったときもある。その次は五百円になった。その次は五千円になった。そのあとも(値段が)バンバン上がって、ハイパーインフレーションになった。(インフレ率が)一千万パーセントって、もう計算不能で、「コーヒーの値段がつかない」っていうレベルだね(注。国際通貨基金はベネズエラのインフレ率が年内に年率一千万パーセントに達すると予測している)。

こんなのなんかは、戦後のハイパーインフレーションを経験した日銀の経験者が行けば、指導ができるレベルではあるでしょうね。

釈　なるほど。そうですね。

道徳を教え込《こ》まないと、工業国家には移行不能

釈　やっぱり、国家には、それぞれ、成長の度合いといいますか、ステップがありますね。世界中に、いろいろな国民国家がありますけれども、その国その国で、「自分たちで、どうやってリーダーを育てて、国を興《おこ》していくか」を考えなくてはなりません。やっぱり、「自助努力」の考え方が基本にないといけないんですね。

大川隆法　でも、道徳、あるいは善悪の問題、あるいは「信用が必要だ」っていうようなことは、やっぱり、教えないといけなくて、そうしないと、工場が建つところまで行かないんですよ。その前の段階で終わってしまうのでね。

釈　なるほど。

大川隆法　いちおう、モラルは基本的につくらなきゃいけない。そのへんのところを教え込《こ》まないといけないというのは、どうしてもありますね。それをやらないと、「工場をつくって、経済を大きくして」という循環《じゅんかん》は始まらないんですよ。

釈　なるほど。

大川隆法　勤めさせても、会社にある物を盗んで帰ったりするでしょう？　機械を盗んで帰るとか、物や商品を持って帰るとか、これをやるんですよ。そうすると、どうしても工業国家には移行不能なんです。

なぜ欧州《おうしゅう》の植民地が貧困になり、日本の植民地が繁栄《はんえい》したのか

釈　以前、私はパラオに行って、ペリリュー島にも行きました。

昔、第一次世界大戦のあと、パラオは日本の委任統治領になりました。それまで、スペインとドイツが統治していたときには、奴隷《どれい》状態に置かれていたパラオの方々に、日本の人たちは日本人と同じ教育を施《ほどこ》し、産業を教えました。仕事をして働いていた。当時の思い出を持っている方とお話をしたら、「日本の時代がいちばんよかった」と話しておられました。

日本の敗戦後には、アメリカが「ズーセオリー」、つまり「動物園政策」で統治したのですが、それは食糧や社会保障だけを手当てするような時代でした。

今、パラオに行ったら、小錦《こにしき》みたいな体格の方がけっこういらっしゃいます。

やっぱり、自分たちの足で立てるところまで指導ができるような国を目指していきたいなと思います。

大川隆法　特に、先の大戦と、それから、植民地が独立するあたりのところを勉強すると、やっぱり、「ヨーロッパの植民地だった時代に、どうして発展しなかったのか」という疑問は、どうしても出ますよね。

釈　はい。

大川隆法　なぜ発展しなかったのか。

日本が進出したところでは、だいたい、日本と同じようにしようとします。台湾《たいわん》が日本の植民地だったときの台北《タイペイ》は、東京市内と変わらないレベルまで行っているからね。あのときの朝鮮《ちょうせん》半島もそうだったと思います。

釈　そうですね。

大川隆法　日本に近かったと思いますよ。

釈　はい。

大川隆法　日本はそうやっているけれども、ヨーロッパの植民地になった場合には、本当に搾取《さくしゅ》されて、貧困が定着してしまっているんですよね。

この考え方の違いについて、やっぱり、欧米のほうには、少し反省する必要はあるんじゃないかと思うんですよね。

釈　ありがとうございます。日本人としての誇《ほこ》りや自信として、見つめていきたいと思います。

パンダの香香《シャンシャン》がソクラテスに勝つ「人気取り民主主義」の問題点

大川隆法　「君たちの民主主義は間違っていないか。」って題を付けちゃったから、何か一言《ひとこと》、言わなきゃいけないんだけど。

釈　はい。

大川隆法　いやあ、「間違っている」と思うところはあるんですよ。やっぱり、「人気取り」のほうを優先していて、要するに、「賢者《けんじゃ》」、「本当の意味での賢《かしこ》い人」を選ぼうとしていない。その努力をしていない。

釈　うーん。

大川隆法　だから、もしですよ、上野《うえの》のパンダの香香《シャンシャン》に被《ひ》選挙権があったとして、「香香」と「ソクラテス」が立候補したら、香香が勝つ可能性があるんですよ（会場笑）。これが、日本の民主主義の問題なんです。

釈　なるほど（笑）。

大川隆法　（香香が）勝つかもしれない。香香に勝てないですよ、なかなか。これが、民主主義の問題点なんですよ。

釈　まあ、私も香香に勝てない……。

大川隆法　勝てないでしょ？　たぶん勝てない。

釈　と思います、本当に（会場笑）。

大川隆法　私でも勝てない。たぶん、勝てない。悔《くや》しいけど、勝てない。

釈　なるほど。

大川隆法　ねえ？　典型的に言えば、そういうことですよ。

でも、あれをちょっと〝小出し〟にしたかたちにはなっていると思うんだよ。

徳治主義的な民主主義の基盤《きばん》にある「人間、神仏の子」の思想

釈　日本も、やはり、「徳治主義的な民主主義」を目指していきたいと思いますし、その基盤《きばん》にあるのは、「一人ひとりが、神の子、仏の子だ」ということです。その方向性をしっかり持っていないといけないと思います。

大川隆法　少なくとも、「目に鱗《うろこ》がかかっている唯物論者《ゆいぶつろんしゃ》で、この世の世界しか見えていない人たち」には、真実の世界があることを教えられないので、学問の対象にもならないし、「無限のインスピレーションのもとさえ知らない人たち」の学問

の先は知れています。

そういう人たちの目を開《ひら》かそうとして、われわれはやっているわけなので、すごく厳しい戦いは続いていると思うけれども、これは、やっぱり、「戦わなければならない戦い」であるんですね。神仏から応援《おうえん》を受けているんでね。

だから、今年の講演会とか、ちょっとしたものであっても、金粉《きんぷん》が降って降って、いっぱいですよね。

この前、HSU（ハッピー・サイエンス・ユニバーシティ）、うちの大学の新聞の四月末号（第35号）を見たら、三月の卒業式で私が講演をしたときのこととして、「金粉と金箔《きんぱく》と金塊《きんかい》が降った」って書いてある（会場笑）。

釈　金塊！

大川隆法　一ページ目に、それのカラー写真が載《の》っているから、嘘じゃない。

●HSU（ハッピー・サイエンス・ユニバーシティ）　2015年4月に開学した「日本発の本格私学」。「幸福の探究と新文明の創造」を建学の精神とし、「人間幸福学部」「経営成功学部」「未来産業学部」「未来創造学部」の4学部からなる。千葉県長生村《ちょうせいむら》と東京都江東区にキャンパスがある。

釈　はあー。

大川隆法　カラー写真付きだから。「これは、もはや金粉とは呼べない。金箔、金塊である」と言って（会場笑）、写真を一ページ目に載せているんですね。

釈　いやあ、すごいですね。

大川隆法　卒業式で金塊が降るんだったら、これは、もう、「神様、仏様が総出で頑張っている」としか思えないね。

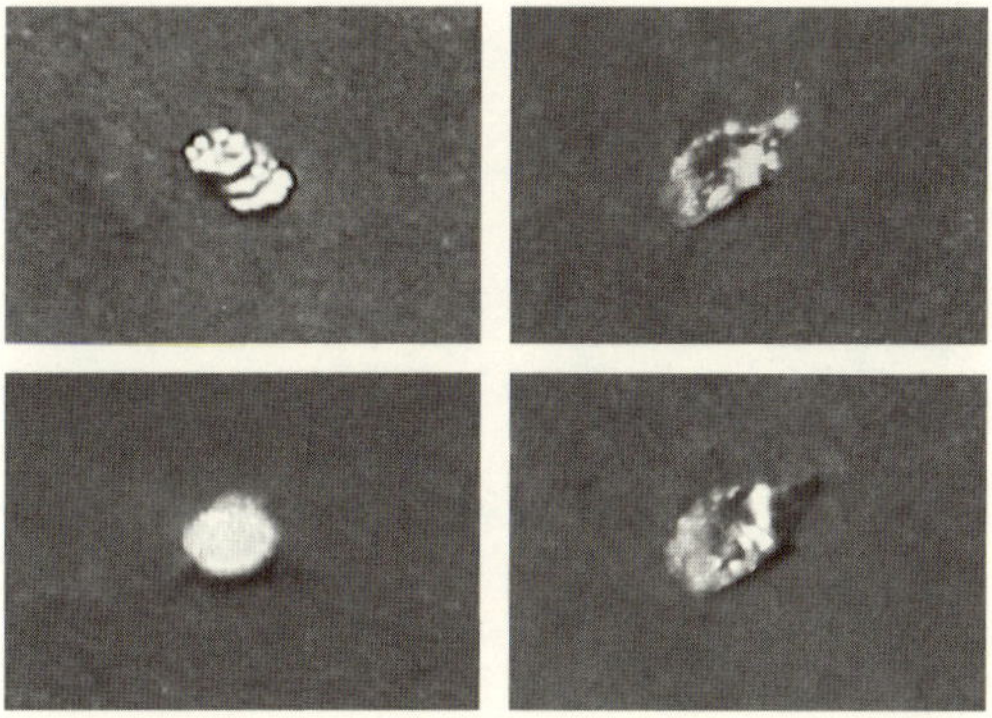

●**三月の卒業式**……　2019年3月17日、HSU卒業式において、説法《せっぽう》「道なき道を歩め」を行った。（上写真）その卒業式に現れた金粉（HSU新聞「天使の梯子」第35号より）。

釈　いやあ、さすがＨＳＵの新聞ですね。やっぱり、「天使の梯子《はしご》」（ＨＳＵ新聞）はすごい。

大川隆法　ねえ？　すごいですよ。（ＨＳＵには）未来産業学部もあるから、そのあたりは研究していると思うけど、金塊がもっと大きく降らないかなあ（会場笑）。とにかく、（金粉現象は）少なくとも悪魔《あくま》がやる仕事じゃあありませんから。（神仏が）応援してくださっているのは間違いないので。

釈　錬金術《れんきんじゅつ》ではありませんが、私たちも富を生んで、幸せが広がるようにしたいと思います。今日お越《こ》しのみなさまに、もしかしたら、病気が治ったりとか、そういう宗教的な奇跡《きせき》が……。

大川隆法　釈さんの顔を見ただけで美人になるとか。

釈　いやいやいやいや、もう、ほんとに……（会場笑）。そろそろ時間ですけれども……。

大川隆法　司会の邪魔《じゃま》しちゃったかな。

七海　まだまだ本当にもっと、お伺《うかが》いしたいところでございますが、質疑応答の時間に移らせていただきます。

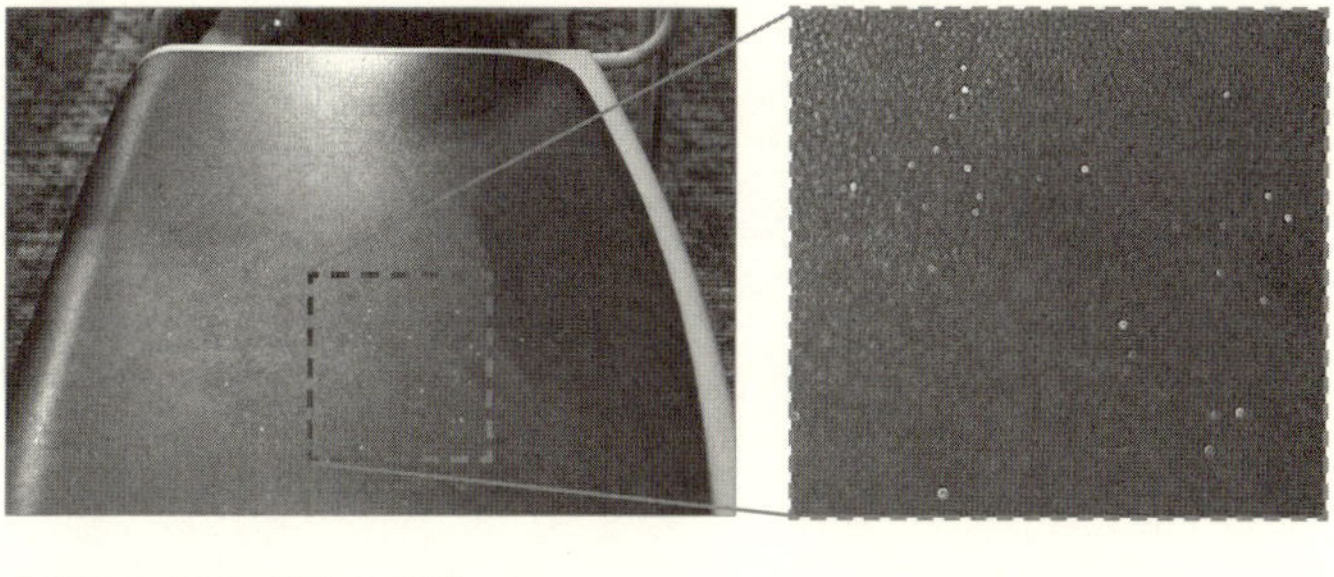

本対談の会場に現れた金粉。

第2章
今、日本の民主主義は なぜ落第か。

——質疑応答——

2019年5月22日
東京都・ベルサール高田《たかだの》馬《ば》場《ば》にて

Q1 「衆参ダブル選」に大義はあるのか？

質問者Ａ　私は夕刊フジ報道部で記者をしております。今日は、貴重な対談のお時間をありがとうございました。

今回のタイトルは、「君たちの民主主義は間違《まちが》っていないか。」ということですが、自分たちが、「この民主主義社会が間違っていないかどうか」ということを確かめるのが、今度の夏の参院選だと思います。

安倍《あべ》総理は、夏の参院選に合わせて、衆議院を解散して総選挙にも打って出るのではないかと、いわゆる「衆参ダブル選」の可能性が今ささやかれていて、国会では、大いに解散風が吹《ふ》いております。

総裁にお訊《き》きします。その「衆参のダブル選」がある可能性は、何パーセントぐらいあるでしょうか。

そして、安倍総理が、仮にも解散に打って出る場合には、「今度は、憲法改正を大義にして挑《いど》むのではないか。安倍総理は、そういうかたちで挑むのではないか」と、私は思いますが、総裁は、何を大義にして、安倍総理は解散に打って出るとお考えでしょうか。その二点についてお聞かせください。

今、解散すべき「大義」はない

大川隆法　まあ、私どものほうは、衆議院の解散があるとは思っていません。今後の二、三カ月の間に急変することもあるかもしれませんが、今、解散すべき大義は、はっきり言ってありません。

もし、消費税をテーマにしてまたやるというんだったら、「もういいかげんにしてくれ」ということですね。何度も何度も、消費税をテーマに、先延ばししていいかどうかなんて、これは大義とは言えないよね。

釈　前回の選挙の〝逆〟をやることになりますね。

大川隆法　あるいは、憲法改正を大義にしてやるには、先ほど言った北方四島のところで「戦争をしてでも取り返したいか」と言った議員を、自民・公明で封《ふう》じ込《こ》めに入っていて、責任を追及《ついきゅう》しているのを見たら、この流れだと、何か、麻生《あそう》（太《た》郎《ろう》）さんの政権末期に、幕僚長《ばくりょうちょう》が……。

釈　田母神《たもがみ》さんですね。

大川隆法　懸賞《けんしょう》論文で賞を取ったときに、クビを切られ、更迭《こうてつ》されたのと同じような感じがあります。

釈　そうですね。

大川隆法　あのときは、麻生さんにもがっかりしたけれども。「弱いなあ。弱気だな」って思いましたね。

釈　なるほど。

大川隆法　「北方四島の話は、プーチン大統領とも会うから、平和交渉《こうしょう》の邪魔《じゃま》になるので、ここを〝口封《くちふう》じ〟したい」っていう気持ちもあって、「言うな」っていう考えもあるとは思うけれども、もし、自然的に、「そういう領土や戦争のことに一切《いっさい》触《ふ》れるな」っていう感じで自民や公明がみんな言っているとするならば、憲法改正が大義での解散があるとは思えないので。

釈　そうですね。

大川隆法　まあ、何かチャンスが出てくる可能性はないとは言えないし、国会ではどうなのか知らないけれども、今のところ、私たちのところでは「風」は吹いていませんし、候補者がいませんので。もし、解散されると、もう……。まあ、そのときは公募《こうぼ》するか、しょうがないから。緊急《きんきゅう》公募するしかないですが。

釈　（笑）

大川隆法　今のところ、「大義はない」と見ています。
　北朝鮮《きたちょうせん》のミサイル発射時、ゴルフをしていた安倍《あべ》首相

大川隆法　それよりも、先の十連休の間に、また「飛翔体《ひしょうたい》」っていう言葉が使われ

たけど、北朝鮮《きたちょうせん》が短距離《たんきょり》ミサイルを打ち上げたときに、安倍《あべ》首相はゴルフをやっとったじゃない。ねえ？　いつも行く山梨《やまなし》のゴルフ場でゴルフをやっていて、だから、記者会見さえろくにできなかった。

いかにも大国の宰相《さいしょう》みたいでしたけどね。ミサイルを撃《う》たれても、平気でゴルフをやれるっていうのはね。

ただ、ちょっと私のほうから言いたいのは、消費税を上げるなら上げるで、それは腹を決めてもいいと思うけれども、「消費税を上げるなら、ゴルフぐらいやめなさいよ」と、やっぱり言いたいんですよ（会場拍手《はくしゅ》）。

釈　はい。

大川隆法　首相は、私費と公費は別だと思って、「自分の給料でやるなら私費だ」と思っているのかもしれないけれども、それは私費じゃないですよ。「国民の税金」

ですよ。もし、内閣官房《かんぼう》機密費でやっているとしても、これだって、やっぱり私費じゃないですよ。「公費」ですよ。

だからねえ、国民に税を押《お》しつけるのなら、その程度のこと、ゴルフをやめるぐらいのことはしなさいよ。それは当たり前のことです。会社だってそうですから、当たり前のことなんでね。

釈　はい。

大川隆法　そんな、大リストラをやっているときに、ゴルフなんか社長はできませんよ。当たり前です。

これを、やっぱり、一点申し上げたいし、もう一つは、消費税をこれからも上げるつもりはあるんでしょう？　経済同友会の代表などは、「十七パーセント必要だ」とか、もうすでに〝観測気球〟を上げていますから、まだ上げる気はあるんですよ。

だけど、上げるなら上げるときに、やはり、それなりの何か〝痛み〟を感じていただかなければいけないと思うんです。

公務員の平均年収は六百五十万円前後なんですよ、だいたいね。それで、民間の平均年収は四百万をちょっと超《こ》えてるぐらいですよ。

先ほど話に出た、ウイグルを調査なされた朝日新聞の平均年収は、少し前までは一千二百万円だったけど、最近は一千百万円ぐらいまで落ちて……。

釈　ちょっと下げましたね。

大川隆法　部数が減ってるから、落ちている。

その一千百万円の平均年収の方が、ウイグルを取材されて、〝よく分からない記事〟を書いておられる（会場笑）。

まあ、だから、朝日新聞の方は、公務員よりは偉《えら》いんだと思います。で、公務員は一般企業《いっぱんきぎょう》よりは偉いんだと思うんですね。そして、一般企業は幸福の科学の職員よりもたぶん偉いんだろうと思います。給与から見ればそうなんだろうと思いますけれども。

まあ、いろんなことから見て、そんなに強気で、解散して「ダブル選」ができるような立場にはないんじゃないかなと私は思う。

なぜ、あのミサイル打ち上げのときに安倍首相がゴルフをしていたことを、マスコミは追及しないんだよ？　やっぱり、そういうところは甘《あま》いなあと思う。

釈　はい、はい。

大川隆法　まあ、（マスコミは）自分らも休んでいたかもしれないけどね。アハハハ（笑）。ちょっと、イージーすぎるわね。

消費増税の前に、財務省を押《お》さえ込《こ》めない内閣府を潰《つぶ》すべき

大川隆法　「税金を上げる」ということは、やはり「痛みを伴《ともな》う」ことです。政府の債務《さいむ》が一千百兆円あるんですからね。私だったら、内閣府ぐらいは取り潰《つぶ》すべきだと思いますよ。

釈　内閣府をですか。

大川隆法　うん。廃止《はいし》すべきです。要《い》らない！（会場拍手）もともと要らないんですよ、これは「二重行政」なんで。

釈　はい。

大川隆法　各省庁があるけど、言うことをよくきかないし、つかめないし、特に財務省が言うことをきかないから、財務省を押《お》さえるために内閣府をつくって、そして、内閣官房のなかに人事局をつくって、各省庁の主要人事も全部握《にぎ》るという、二重行政をやっているんですよ。

釈　はい。

大川隆法　それらで脅《おど》しを利《き》かせようとする。でも、利かないじゃないですか。財務省が「税金を上げろ」と言ったら、上げざるをえない。

釈　そうですね、全然利かないです。

大川隆法　じゃあ、要らないじゃない、こんなもの。

もともと、こんなのは秘書が五人ぐらいいればよかったんですよ。各省庁から出向した秘書を五人ぐらい持っていればできることを、わざわざ内閣府までつくって、二重の行政をやっている。

釈　うーん。

大川隆法　このくらいはバサッと切るぐらいでなかったら、税金なんか上げさせちゃいけないんですよ。

釈　そうですね。

大川隆法　うん。だから、もし今後も十パーセントから、十二パーセントとか十五パーセントとかに上げていくなら、上げていくたびに、次は文科省を切るとかね、順番に切っていって、目に見えるかたちでしていただかないと、納得《なっとく》がいきません（会場拍手）。

釈　そうですね。増税を言うのであれば、政府部門もリストラをするのは……。

大川隆法　当たり前ですよ。

釈　これは、絶対にやらないといけないと思います。

大川隆法　痛みを伴わなければ。

だから、ゴルフしながら、「消費税？　上げたらいいんじゃない？」とか、「景気の動向は、まあまあいいんじゃない？」とか言っているのは甘いと思うんですよ。

選挙前の統計数字はいつも〝嘘《うそ》〟、選挙後に変わってしまう

大川隆法　だってね、選挙前の統計の数字は、いつも〝嘘《うそ》〟だから。選挙が終わって一カ月後ぐらいに、実は、下方修正の数字が出るんですよ。あれは本当にずるいと思う。

釈　確かにそうです。昨日《きのう》（二〇一九年五月二十一日）、発表されましたけど、若い人なんかは、二十代の前半ぐらいだと、平均年収が二百万円台ですからね。まあ、二十代の後半ぐらいで三百万円台ぐらいかと思いますけれども。

大川隆法　うん、うん。

釈　ほんっとに厳しいですよ。ですので、あまり消費税を軽く見ないでいただきた

いんです。

大川隆法　そう。

釈　「消費税こそが、リーマン・ショック級の大惨事《だいさんじ》を引き起こす」と思います。

大川隆法　いや、これね、消費税は避《さ》けられるんですよ。要するに、消費しなきゃいいわけですから。買わなければ、払《はら》わないで済むんです。

釈　（財布《さいふ》のひもを）締《し》めますからね、みなさん。

大川隆法　みんな、物を買わなくなるわけなんで。「消費を増やしたい」って言っているのに、消費税を上げて、消費させないように誘導《ゆうどう》しているから、これはとても「危ない政策」なんですよ。

さらに、黒田《くろだ》（東彦《はるひこ》）さん（日銀総裁）も、マイナス金利まで行《い》っているし、（金融《きんゆう》を）すごく緩《ゆる》めていますけど、これが効かなくなってきている。銀行が潰れる問題ですよね。

釈　そうですね。地銀がもうメタメタです。

銀行大倒産《だいとうさん》時代の危機――地銀百行は二十行に、都銀は二行に

大川隆法　地銀は百行ぐらいあるのが、二十行ぐらいまで減ると言われているし、まあ、メガバンクも四行ぐらいあるかもしれないけど、これも二行になると言われていて、もう人員整理の数まで新聞に出ている状態ですよね。

これが意味することは、単に合理化の問題じゃないんですよ。これが意味することは、要するに、「銀行から融資が本当に出てこなくなる」ということなんです。

釈　はい。

大川隆法　なぜ、こんな低金利なのに、人がお金を借りないか。その答えが、ここにあるんですよ。そのお金は、いつまでも貸してくれるお金ではない可能性があるんです。

釈　うーん。

大川隆法　また「貸し剝《は》がし」をやられるかもしれない。

だから、今、住宅ローンなど（の金利）が、もし一パーセントぐらいまで下がったとしても、人は借りないですよ。この、一パーセントでも借りない意味を、やっぱり考えなきゃいけない。

それは、もう昔のような時代ではなくなっているからです。銀行からの「貸し剝がし」もあるし、死んだときに財産（家屋）を処分しようとしても、そのときには値段が下落していることもある。それを金利で計算したら、もっとマイナスになる。だから、先行きがよくないんですよ。●アベノミクスのもとは、幸福実現党でつくった政策ですが、その政策では、「（株価を）二万円台に乗せるべきだ」と言っていますね（注。二〇〇九年から二〇一二年の日経平均株価は、七千円台～一万円台を推移していた）。

釈　はい、ありました。

大川隆法　ただ、あれは日経平均ですので、どの会社の株の平均であるかまでは、みんな見ていないはずです。

実は、金融関係の株は二〇〇七年以降、下がったままで、全然上がっていないん

●アベノミクスのもとは……　幸福実現党は、2009年の立党時から、①インフレ目標など大胆な金融緩和、②交通インフラなどへの大規模投資、③抜本的な規制緩和と大減税を訴えており、後《のち》にアベノミクスとして打ち出された「3本の矢」の政策はこれと軌を一にしている。

ですよ。これは、先行きが非常に危険なんですよ。金融関係の株が上がれば、融資が伸《の》びて、人はいろんなものを建設したり、将来の家を建てたりし始めますが、金融関係の株価が下がっていて、これからリストラされて潰れていくというのであれば、地方なんかは、地銀が潰れるっていうのはものすごい怖《こわ》いことなので、何も信用できません。

だから、みんな投資を萎縮《いしゅく》して、内部留保に励《はげ》みますよ。そして、消費をどんどん落としていきます。これは、「今、非常に際《きわ》どいところに立っている」ということを分かっていないんじゃないかと思う。

公務員は平均年収六百五十万円、民間は四百万円ちょっとの官尊民卑《かんそんみんぴ》

大川隆法　質問に十分に答え切れていないかもしれませんが、私はダブル選挙をできるだけしていただきたくないと思っていますし、「する」と言うなら、その前に・・・・責任追及をしっかりやっていただきたい。

「ゴルフはやめろ」。それから、「省庁はどこを潰すのか」ということ、「消費税を上げて、みんなが消費をしなくなったときにはどうするつもりなのか」ということ。「消費税をさらに二パーセント、三パーセントと上げるなら、次はどこを潰すのか」ということ。それを順番に訊いてくださいよ。

公務員の給与が六百五十万円あってね、まあ、（質問者に）おたくが幾《いく》らかは知りませんが、民間が四百万ちょっとしかないのに、これは、「お上《かみ》」ですよ、はっきり言ってね。民《たみ》のほうが貧しいのに、お上が民からもっと税金を取ろうとしていて、そうしたら、自分たちのほうのベースアップは、自分たちのお手盛りで決めていいわけですね。それで、「消費が進む」とか言って、政府が音頭《おんど》を取って、公務員が自《みずか》ら消費しようっていうような感じになっているわけですね。

これを言うなら、「会計検査院も潰せ」と言うべきですよ。おかしいですよ、赤字なんですから。一千百兆円の赤字で、なぜ（国家公務員の）ベースアップがあるんだよ。おかしいじゃないですか。私は組合員じゃないけど、いちおう言っておきたい。
いやあ、幸福の科学の信者にも公務員は多いからね。安定した職はありがたいですよ。安定したお布施《ふせ》を頂いているので、公務員の方は頑張《がんば》ってくださいね（会場笑）。罪悪感を感じないためには、人の二倍働いてください。そうしたら、今の給料でも構いませんから。良心的な公務員が一部いることは認める！　それは、辞《や》めてはいけないから、言っておきますけど。
ただ、公務員が六百何十万で、民間が四百万っていうのは、これは、昔に比べて明らかに収入が下がってるんです。

釈　そうですね。まあ、「官尊民卑《かんそんみんぴ》」と言ったらあれですけれども……。

大川隆法　まあ、（安倍政権の）地は出たね、ずばりね。

釈　ちょっと、このカルチャー自体も見直していかないと、日本は豊かにならないということを感じています。

大川隆法　そして、今朝《けさ》、何かで読んだのですが、「ＮＨＫの朝ドラが、月曜日から土曜日まで放送しているのを、働き方改革のために、（来春から）土曜日の放送をやめて、月から金までに縮める」とか言っているんで、これはちょっと危ないんじゃない？

釈　へえーっ！　そうなんですか。

大川隆法　何か、間違っているよ。

釈　そうですね。「働き方改革」ですか……（苦笑）。

大川隆法　土曜日ぐらいしか観《み》られない人は多いんだけどね。ほんとは、普通《ふつう》に働いている人は観られないんですけど、あれは。朝は、通勤時間帯でしょ？　昼は、会社か外に出ていますから、観れないでしょ？　ねえ？

「土曜日を減らす」とか言っているので、何か違ったほうにシグナルが行っているような気がしますね。

釈　そうですね。はい。

大川隆法　だから、「今の状態から見たら、政府は解散なんかしている場合じゃなくて、抜本的《ばっぽん》改革をやるべきだ」と、マスコミのほうは言っていただきたい（会場拍手）。選挙には、五百億とかのお金がかかるんですから。

それから、幸福実現党みたいに、「政党要件を備えていない」と言われつつ、何億円も毎回むしり取られているところもあるんですから。もう、お尻《しり》の毛までむしられていますよ（会場笑）。

もういいかげんにしてくださいよ。政党要件っていったって、「補助金（政党交付金）を投入する条件がないから、金を払え」って言われているんで、これは、ヤクザに脅されているみたいで、もうほんと嫌《いや》ですよ。

自民党のほうは、（政党交付金を）百何十億とか、そのくらいもらっていて、自分らはニュースにいっぱい流して、新聞の一面に載《の》って、テレビなんかの取材をいっぱい受けるなど、広告を無料でやれて、さらに、税金で選挙をやりたいときにやれる。これはやっぱり、おかしいですよ。

だから、「君たちの民主主義は、間違ってないかい？」って、やっぱり言いたいですよね（会場拍手）。

ということで、私の希望的には、解散はしてほしくない。でも、どうしてもするって言うなら、ぜひとも条件を突《つ》きつけてください。「なぜ、しなきゃいけないのか」。「何がうまくいかなくて、解散するのか」。「なぜ、勝てると思って、今、やるのか」。「君たちは失政をしていないのか！」、これを追及してくださいよ。

失政をしていたら、解散なんかできないでしょう。失政をしていないと思うから解散するんでしょう。「令和のご祝儀《しゅうぎ》解散」で勝てるんじゃないかと思っているんでしょう？

叩《たた》きのめしてくださいよ、こんなの！　そうでなきゃ、間違った民主主義ですよ（会場拍手）。

Q2　富の収奪《しゅうだつ》を防ぎ、富を創出するには？

質問者B　今日のテーマとは少し外れますが、質問させていただきます。近年、中国人が、日本各地で不動産を買っています。佐渡島《さどがしま》とか、新潟《にいがた》とか、京都の町屋《まちや》とかです。特に心配なのが、北海道で水源の周りの土地を買っていることです。「中央の指示というか、方針で、何でもできるような国の人が、そういうところを買い占《し》める」ということは、安全保障上、問題があるのではないかと思うのですが、その点について、ご教示いただければと存じます。

中国では水が高く売れるので、水源地を買い漁《あさ》る中国資本

大川隆法　これは下手《へた》したら、三十分ぐらいかかるかもしれないから。あなたも言

いたいことがたくさんあるだろうから。

釈　はい。この件については、党としても取り組んでおりまして、例えば、北海道では、高橋《たかはし》知事の時代ですが、〝土地の爆買《ばくが》い〟に対して署名（外国人による不当な目的の土地買収等を規制するための署名）を集めて提出するなど、いろいろとやっています。

法律が古くてですね。外国人土地法という大正時代につくられた法律があるんですけれども、「それでは取り締《し》まれない」ということで、何とかしなければいけないという話が出てはいるのですが、抜本的《ばっぽん》なものが出ていないんですよね。

大川隆法　水が湧《わ》くところ、水源地を買い占めているのは、北海道だけじゃなくて、ほかのところでも買っています。彼らから見ると、ミネラルウォーターのようなものが一本二百円ぐらいで売れたりするので、もう石油と変わらないんです、不思議なことに。つまり、水が湧くところを持っていたら、財産になると思っている。中国にはきれいな水がないので。中国の川は、みんな濁《にご》っているでしょう？　工業排水《はいすい》でいっぱいですので。一九六〇年代ぐらいの日本の感じなので。イタイイタイ病が流行《はや》っているような、あのくらいのレベルなので。

釈　そうですね。外部経済という考え方がないので、公害がひどいんですよね。

大川隆法　「日本の、きれいな清水《しみず》が湧いているところの土地を買っとくと、将来ものすごく儲《もう》かる。パックに詰《つ》めただけで金になるだろう」と思っているのでしょう。

釈　あと、「水」だけではなく、「土壌《どじょう》」を狙《ねら》われているという説もありますので、やはり、対策を考えないといけないですね。

大川隆法　そろそろ警戒《けいかい》水準に入っているでしょうね。

確かに、自衛隊の隣《となり》の土地が買われようとしたところもありましたよね。そういうときは、（住民の反対等で）止《と》める場合もあるけれども、もう少し広域的に用心をしなければいけません。

釈　そうですね。

中国人観光客によって、銀座《ぎんざ》の値打ちが下がってきている

大川隆法　それと、もう一つ言いたいのは、今日、最初に貧困の話も出たけれども。

釈　はい。

大川隆法　デフレ問題について、まだ徹底《てってい》的には解明できていないと思うけれども、一つ、みんなが言わないでいることがあると思うので、あえて言います。

「中国人観光客が来て、金を落としてくれるからいい」と判断している人が多いし、政府もそう思って誘致《ゆうち》しようとしているけれども、「これがデフレの原因にもなっている可能性がある」ということです。

もちろん、一つには、まあ、あまり個別の企業《きぎょう》のことを言うべきではないとは思うけれども、（幸福実現党の）スポンサーではないから言いますが、例えば、ユニクロ（ファーストリテイリング）のようなところは、中国で日本の十分の一の人件費でつくったものを、日本で格安で売り、日本の商業をガタガタにした部分があります。しかも、税金は向こうに納めていて、日本で払《はら》う分は少なくした。

これと似たような企業はほかにもあると思いますけれども、まあ、そのときには、生きていくためにしかたがなかったのかもしれないけれども、ユニクロが高島屋《たかしまや》のなかに入ったら、何か高島屋が急に安くなったような感じがするのです。高級品ではない感じがしますよね。

釈　ええ。

大川隆法　（ユニクロの店は）銀座《ぎんざ》にも出ましたよね。

釈　はい。

大川隆法　で、さらに言いたいのは、「中国人の買い物客が銀座にウロウロしている」ということです。ですから、私は、銀座にあまり行かなくなってきました。

釈　ああ、そうですか。

大川隆法　もう、高級店のイメージがしないんですよ。中国人がツアーバスに乗って秋葉原《あきはばら》で電気釜《がま》を買い、その電気釜を提《さ》げて、次、ロレックスを買おうとかして銀座でウロウロして回っているんですが、ちょっと、一緒《いっしょ》に買い物をしたくない感じがある。

要するに、「銀座の値打ち」が今、下がってきているんですよ。ほかのところも、そうですけれどね。

釈　うーん。

大川隆法　だから、「もうちょっと、お上品にやっていただけないですか」ということを言いたいですね。恥《は》ずかしいですよ。だって、日本人は電気釜を提げて銀座を歩かないでしょう？

釈　（笑）そうですね。

大川隆法　「ええかげんにしなさい。銀座はそういうところじゃないでしょう。もうちょっと下町で歩いてくれ」って言いたいですね。

「金さえ儲ければいい」っていうものではないし、あまり能天気に観光客が来るのを喜ぶのは、よくない。

観光客とインバウンド消費を操《あやつ》って、各国を揺《ゆ》さぶる中国共産党

大川隆法　日本では、なかなかそう簡単にはできないと思うけれども、ほかの国で、小さな島とかだったら、こういうことが起きています。

例えば、中国は、台湾《たいわん》から国交のある国を取り上げるために、そういう国に観光客をドッと送り込《こ》んで、そして、「中国人の観光客がいっぱい来た」ということで中国人用の施設《しせつ》をたくさんつくらせ、三年後ぐらいにサッと引き揚《あ》げて、それらを

潰《つぶ》し始め、「これは大変なことになった」というようなことをやらせたりして、揺《ゆ》さぶっています。

中国は、観光客まで公務員代わりに扱《あつか》えているわけです。（観光客は）裕福《ゆうふく》階級でしょうから、たぶん共産党員とその家族、あるいは、その縁者《えんじゃ》が多いと思います。私の推定では、裕福階級はせいぜい二十パーセントぐらいだとは思うのですが、それでもそうとうの数になりますからね。二、三億人になりますから。

釈　そうですね。

大川隆法　「それを、どこかに送ったり、減らしたりする」ということを、国の管理でやれているらしいから。

観光産業などはそんなに安定したものではないので、このあたりは、もう少し賢《かしこ》くないと危ないですね。

釈　そうですね。今、アメリカのトランプ大統領は、中国に対して関税を引き上げて、自由貿易を阻《はば》んでいるようなイメージがありますけれども、実は、米中貿易は全然対等ではありません。

そういう意味で、日本も、「中国人観光客がお金を落としてくれて、インバウンド消費が増えた」と言って喜んでいる場合ではありません。このままだと、水源地だけでなく、いろいろなものが買われてしまいますので、日本の経済は強くなっていかないといけないと思います。

インターネット等の発展で、全体的に貧しくなっている?

大川隆法　それともう一つ、これは国内問題も絡《から》みますが、インターネット、コンピュータ系の仕事が二〇〇〇年以降すごく進んだわけですが、これもやはり、どうしても安くなる方向に、全部が流れているように見えますね。

先ほど、（対談開始前のプログラムで）ＴＯＫＭＡ《トクマ》さんが熱唱されていましたが、あれを（音楽イベントで）歌として聴《き》けば、けっこうお金を払わなければいけません。ＣＤを買うと千円ぐらいになります。さらに、それを違《ちが》う手段で買うと二百五十円ぐらいになり、あるいは、タダで手に入れることもできるようになってきます。

このように、いろいろなものがだんだん安くなってきて、結局、これが経費削減《さくげん》にはなっているんですけれども、「全体的に貧しくなっている可能性がある」ということを、一度、注目したほうがいいと思いますね。

釈　そうですね。ここは、本当に注目しないといけないところだと思います。「世界の富が増えていかない」ということになってしまうわけですね。

大川隆法　そうなんですよ。実を言うと、増えるどころか、インターネット系の発展により、経費削減をして、「人減らし」をやっているかもしれない。ということであれば、将来は、〝ロボット税〟とか〝ＡＩ税〟とかでも入れないかぎりは……。要するに、人間の代わりに働いているんだから、そうなるかもね。

釈　なるほど。今後も、この点について、いろいろと考えていきたいと思います。本当にありがとうございます。

Q3　日本の民主主義は何点か？　幸福党の擁立数《ようりつすう》目標は？

質問者C　私は新聞社の者ですが、貴重なお話をありがとうございました。

先ほどの（対談の）最後のあたりに大川総裁が言われた「香香《シャンシャン》とソクラテスで人気投票をやったら……」というくだりが、日本の民主主義がどれくらい成熟しているかというようなことを端的《たんてき》に言い表しているかと思うのですが、「今の日本の民主主義の現状に、百点満点で点数をつけるとしたら、何点ぐらいか」というのを総裁にお聞きしたいと思います。

また、先ほど衆参同日選のお話もございましたが、参議院選は七月にあるのが決まっていて、（幸福実現党の）公認候補者には、すでに発表済みの方もいらっしゃるかと思うんですけれども、「最終的な擁立《ようりつ》人数の目標と、参院選に向けての党としての目標」をお聞かせいただければと思います。

週刊誌で〝結果〟が出るなら、民主主義は要《い》らないのでは

大川隆法　参院選はねえ、週刊誌でもう〝結果〟を出して、発表してくれているので、今さら言いたくないんですけどね。何なら、うちもたまには入れておいてよ（会場笑）。

もう結果が出てるのよ、週刊誌は。

釈　まあ……、そうですねえ。

大川隆法　もう、選挙、無駄《むだ》じゃない？　民主主義、要《い》らないんじゃない？　週刊誌で出したら、もう終わりじゃないの？

釈　そうですね、確かに。投票の意味があるのかどうかというぐらいですね。

大川隆法　アメリカみたいにね、（メディアの予想と）結果が変われば違《ちが》うけどね。

釈　うーん。もう決まってるような空気感というのもありますね、確かにね。

大川隆法　予想が変わるようなものであってほしいね。

釈　うーん。そうですね。頑張《がんば》っていきたいと思っております。

幸福実現党は、今の段階では、十数名が出馬表明というかたちですけれども、追加の可能性がございますので、また改めて発表させていただこうと思います。

日英とアメリカの民主主義比較《ひかく》

大川隆法　日本の民主主義そのものは……、まあ、中国でも「民主主義」を名乗っているからねえ、うーん。

釈　そうですね。毛沢東《もうたくとう》も、『新民主主義論』というものを出しました。

大川隆法　だから、「結果平等」を民主主義的に捉《とら》えれば、そういう分類も可能なんでしょうけどね。

釈　ああ、なるほど。うーん。

大川隆法　問題はもう、かなりある。これを言うと一時間ぐらいかかるから、もう言わないけれども。

そういうものに比べればまだいいけど、安倍《あべ》さんも次第《しだい》しだいに、共産主義の代わりとなる「社会保障」のほうで先手を打って、逆に、共産党とかの野党がやることをやって、ばら撒《ま》いて、だんだん埋《う》めていっているから、まあ、近づいてはいるわね。

釈　そうですね。国家社会主義の方向に入ってますので、「民主主義の国」と言えるのかどうかというぐらいの政策です。

大川隆法　今のところ、「五十五点」ぐらいだと思います。私の採点はね。大学の成績における「可」が六十点だとしたら、五十五点ぐらいかなあと。

釈　五十五点？

大川隆法　うん、五十五点ぐらいだと思う。まあ、ほかにもっと悪い国があるから、それよりはいい。ただ、「合格点はあげられない」かな。

釈　はい。なるほど。

大川隆法　あと五点ぐらい、何か「追試のレポート」が必要ですな（会場笑）。

七海　釈党首は五十五点よりもっと……。

釈　（笑）何とも言えませんが……。

幸福実現党広報本部長・七海ひろこ

大川隆法　釈さんは百点超《こ》えてますからね、それは。

釈　いやー、ちょっと、もう、あの（笑）。

大川隆法　採点できない。

釈　私に関してではありませんけれども。
アメリカなどは、先生から見られると何点になりますか。

大川隆法　まあ、けっこうデコボコするけれども、「共和党」と「民主党」で対立的にやっているように見えても、ある意味では両方とも「保守」なんですよね。

釈　うーん。そうですね。はい。

大川隆法　だから、日本みたいな感じでの左右の分かれ方はしないし、イギリスみたいな「保守党」と「労働党」みたいに、極端に分かれたりはしないので、そういう面では、「政策は、ある意味での連続性は持ちながら、三割ぐらい変わる」という感じですかね。

釈　なるほど。

大川隆法　まあ、そういうことがあるから、マイケル・ムーア監督《かんとく》の「華氏《かし》９１１」（二〇〇四年公開）みたいな感じで描《えが》かれれば、共和党も、もう茶番にしかすぎない政党なんでしょうけどもね。

トランプ大統領、いまだにマスコミにそう描かれているのでしょうけど、一人でドン・キホーテみたいに戦っているところがすごいなとは思います。

釈　そうですね。

大川隆法　まあ、うちのほうにはちょっと〝別の兵器〟があって、「霊界《れいかい》リーディング」をやるから。ポテンシャルを推測するのでね。ある程度見えるところがあるんですけども。

彼も結果で勝負するとは思いますが、今のところはよかったと思っています。

釈　はい。

イランでの戦争の切迫《せっぱく》度は

大川隆法　「次は、イランでの戦争も迫《せま》っているかもしれない」といった質問が出るかなと思っていたのですが、トランプ大統領も北朝鮮《きたちょうせん》と両方やるほどバカではないと思いますので。あれは威嚇《いかく》のレベルで終わると思います、今のところね。イランに北朝鮮ぐらいまで行かれたら困るから、その前の段階で威嚇しようとしているのだと思っていますが。

まあ、賢《かしこ》い大統領だと思います。後《のち》の世では多少評価してくれると思います。

安倍《あべ》首相の強みは、ヒットラーやファシズムと似ているか

大川隆法　日本はもう「安倍《あべ》一強」状態ということになっているんですが、安倍さんのいちばんの強みとしては、やっぱり、〝飴玉《あめだま》を撒く〟のがうまいねえ。

釈　飴玉ですか。

大川隆法　うん。それと、別々の人に、別々の約束を平気でするね。

釈　二枚舌ですね、それは。

大川隆法　うん。かつて、これは何十年か前にあったたんですけどね。小作人《こさくにん》には「小麦粉を高く買い上げてやる」と言ってね、パン屋には「小麦粉を安く仕入れさせてあげる」「パンを高く売ってあげる」と言って、顧客《こきゃく》には「安いパンが買えるようにしてあげる」とか言ってね。要するに、バラバラなことを言った人がいるね。ヒットラーという人ですけどね（会場笑）。まあ、一緒《いっしょ》にする気はないけれども。

私は「国家社会主義」という言い方をしていて、「ファシズム」とは言ってないんですが、「国家社会主義」を置き換《か》えると「ファシズム」ということになるのです。

ファシズムというのは、矛盾《むじゅん》したことをいろんな人に約束するものなんです。ファシズムというのは、いわゆる独裁主義じゃないんです。「ファシズムとは、民主主義の延長上に出てくるもの」なんです。

民主主義の延長上で、みんなに都合《つごう》のいいような話をいっぱいして、そして、支持率がガーッと上がってくる。ヒットラーも九十何パーセントまで行っていたと思いますけれども、そういうときはファシズムになるんですよ。気をつけなきゃいけない。

これは、本当に、単なる独裁じゃないんですよ。民主主義の延長上に出てくるんです。

そのときに、矛盾した約束をいろんなところでたくさんしていないかどうか、よく見てください。

釈　なるほど。

大川隆法　「みんなの機嫌《きげん》を取って、票が最大になるようにやってないかどうか」をよく見ていただきたい。ここのところが、一つのポイントだと思います。

二〇五〇年までに日本を占領《せんりょう》したい中国におもねる野党、大丈夫《だいじょうぶ》か？

大川隆法　まあ、皇室の問題に便乗しようとしているかもしれないけれども、もともとの中国の計画によれば、「二〇五〇年までに、日本という国は世界地図から消える」ということになっています。「日本を併合《へいごう》して、二つの省にする」という案を持っていて、「台湾《たいわん》はその前の段階で併合される」ことになっていますけれども、もしそれが本当だったら、たぶん、二〇五〇年には皇室もないでしょう。

釈　なるほど。

大川隆法　だから、パレードをするのもいいけれども、「二〇五〇年には皇室がなくなっていますよ」と。そこまで考えて、ちゃんと対応してくださいよ。

「立憲民主党、国民民主党、大丈夫《だいじょうぶ》ですか？　共産党、大丈夫ですか？

君たちの民主主義は本物ですか？
憲法さえ守れば、民主主義だと思っているんですか？
どうだ。答えろ！」
と、まあ、そのくらいまで言いたいですな（会場拍手《はくしゅ》）。

釈　いやあ、もう、今日の「君たちの民主主義は間違っていないか。」ということの結論が本当に腑《ふ》に落ちました。ありがとうございます。

大川隆法　次は、「憲法改正か、憲法を守るか」みたいなのを争点にして、たぶん、大手新聞も、やるんだろうと思うけど。

毎日さんとかは、さっきの「朝日新聞の平均収入は一千百万円」と聞いて、腹が立っている可能性がかなりあるとは思うんだけど。

釈　いやいやいや（笑）（会場笑）。

大川隆法　腹が立ったら、〝反乱〟を起こしてください。〝反乱〟を起こして、釈さん一人だけでも通してください。（できれば七海さんたち他の人たちも通してください。）

釈　すみません、ありがとうございます。

大川隆法　そうしたら、世の中が変わりますから（会場拍手）。
簡単ですよ。新聞の一面に、この美しい顔を載《の》せれば、それで済むんですよ（会場笑）。ちゃんと通りますからね。

釈　ありがとうございます。

衆愚政《しゅうぐせい》にならぬよう、今、正しい選択《せんたく》を

釈　民主主義の弱点として、やはり、「多数の暴政」という言葉が……。

大川隆法　すぐに衆愚政《しゅうぐせい》に変わるからね。

釈　ええ。すぐになりますね、本当に。

大川隆法　これだけは悔《くや》しいね。

釈　うーん。まあ、お一人お一人に、ご判断いただきたい。

そのためにも、私たちは、みんなで動いていかないといけません。今日、こちらにお越《こ》しのみなさまに、どうか、私を国政に送り込《こ》んでいただきたい。あるいは、幸福実現党の候補者もいっぱいおります。
どうか、本来の責任ある仕事をやらせていただきたい。
そう思っておりますので、どうぞよろしくお願いいたします（会場拍手）。

七海　それでは、以上とさせていただきます。
大川隆法総裁先生、本日は、まことにありがとうございました。

釈　ありがとうございました（会場拍手）。

あとがき

三月三十日「夢は尽きない」に続き、ありがたくも二度目の対談の機会をいただいたことに、幸福実現党の父である大川隆法総裁に、心の底から感謝申し上げます。

あっという間の、しかし、永遠の九十分でありました。

初めて参加したという三十代男性は、終了後、顔を紅潮《こうちょう》させて「心が震《ふる》えて止まらない」と訴えてきました。六十代の経営者は「総裁のバランス感覚が凄《すご》すぎる」と唸《うな》り、三十代の女子は「総裁に惚《ほ》れた」とため息をつき、百戦錬磨《ひゃくせんれんま》の新聞記者は「すべてが、実りある時間でした」と感想を書いてくれました。

そう。そうなのです。

総裁は、それぞれの人がそれぞれの心の最深部から知りたくてたまらないこと

「すべて」に、答え切ろうとされているのです。

だから、時間が惜しいのです。

岐路《きろ》に立つ日本に、明日の民主主義に、地球の未来に、神の息吹《いぶき》を吹き込むのは、今しかありません。

毎日、世界史を揺《ゆ》さぶるような激しい外交交渉が繰り広げられる中、日本では夏の戦いが近づいています。

十周年をお支えくださったすべての皆様に心より感謝申し上げるとともに、全国の同志と火の玉となって未来を拓《ひら》くことを誓います。

至誠《しせい》天に通じ、必ずや国民お一人おひとりの心に届きますように。

令和元年　五月二十三日

幸福実現党党首《こうふくじつげんとうとうしゅ》　釈量子《しゃくりょうこ》

『君たちの民主主義は間違っていないか。』関連書籍

『夢は尽きない』（大川隆法・釈量子 共著　幸福の科学出版刊）
『幸福実現党宣言』（大川隆法 著　同右）
『常勝思考』（同右）
『愛は憎しみを超えて』（同右）
『日銀総裁 黒田東彦 守護霊インタビュー』（同右）
『日露平和条約がつくる新・世界秩序
　プーチン大統領守護霊 緊急メッセージ』（大川隆法 著　幸福実現党刊）

君《きみ》たちの民主主義《みんしゅしゅぎ》は間違《まちが》っていないか。
──幸福実現党 立党10周年・令和元年記念対談──

2019年5月27日　初版第1刷

著　者　大《おお》川《かわ》隆《りゅう》法《ほう》
釈《しゃく》　量《りょう》子《こ》

発行所　幸福の科学出版株式会社

〒107-0052 東京都港区赤坂2丁目10番14号
TEL(03)5573-7700
https://www.irhpress.co.jp/

印刷・製本　株式会社 研文社

落丁・乱丁本はおとりかえいたします

ISBN978-4-8233-0079-0 C0030
装丁・写真©幸福の科学

幸福実現党の目指すもの

夢は尽きない

幸福実現党 立党10周年記念対談

大川隆法　釈量子　共著

日本の政治に、シンプルな答えを──。笑いと熱意溢れる対談で、働き方改革や消費増税などの問題点を一刀両断。幸福実現党の戦いは、これからが本番だ！

1,500円

幸福実現党宣言

この国の未来をデザインする

大川隆法　著

政治と宗教の真なる関係、「日本国憲法」を改正すべき理由など、日本が世界を牽引するために必要な、国家運営のあるべき姿を指し示す。

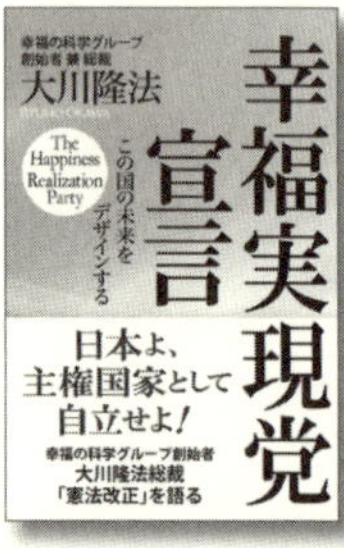

1,600円

愛は憎しみを超えて

中国を民主化させる日本と台湾の使命

大川隆法　著

中国に台湾の民主主義を広げよ──。この「中台問題」の正論が、第三次世界大戦の勃発をくい止める。台湾と名古屋での講演を収録した著者渾身の一冊。

1,500円

未来をかけた戦い／繁栄の国づくり

釈量子　著

新聞の好評連載が書籍化！

「なぜ宗教政党が必要なのか」などの疑問に真正面から答えた書き下ろしも充実。幸福実現党の国家ビジョンを示した2冊。

各926円

※表示価格は本体価格（税別）です。

大川隆法シリーズ・最新刊

新上皇と新皇后のスピリチュアルメッセージ

皇室の本質と未来への選択

令和初日5月1日に特別収録された、明仁上皇と雅子皇后の守護霊霊言。生前退位の真意、皇位継承、皇室改革、皇室外交など、そのご本心が明らかに。

1,400円

メタトロンの霊言

危機にある地球人類への警告

中国と北朝鮮の崩壊、中東で起きる最終戦争、裏宇宙からの侵略──。キリストの魂と強いつながりを持つ最上級天使メタトロンが語る、衝撃の近未来。

1,400円

堺屋太一の霊言

情報社会の先にある「究極の知価革命」

情報社会の先にある「究極の知価革命」とは。堺屋太一が、大阪維新の会への率直な思いをはじめ、政治・経済の近未来予測を独自の視点で語る。

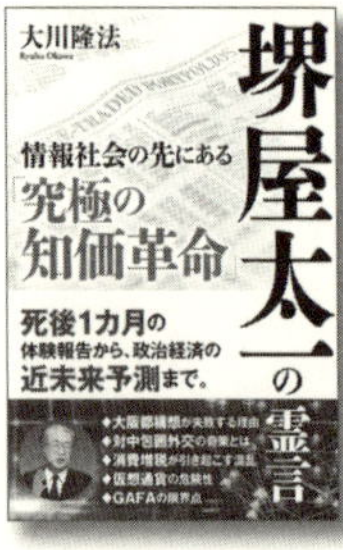

1,400円

真のエクソシスト

身体が重い、抑うつ、悪夢、金縛り、幻聴──。それは悪霊による「憑依」かもしれない。フィクションを超えた最先端のエクソシスト論、ついに公開。

1,600円

※表示価格は本体価格（税別）です。

世界から
希望が
消えたなら。
製作総指揮・原案／大川隆法
竹内久顕　千眼美子　さとう珠緒　芦川よしみ　石橋保　木下渓
監督／赤羽博　音楽／水澤有一　脚本／大川咲也加　製作／幸福の科学出版　製作協力／ARI Production　ニュースター・プロダクション
制作プロダクション／ジャンゴフィルム　配給／日活　配給協力／東京テアトル　©2019 IRH Press
10.18 ROADSHOW

幸福の科学グループのご案内

宗教、教育、政治、出版などの活動を通じて、地球的ユートピアの実現を目指しています。

幸福の科学

一九八六年に立宗。信仰の対象は、地球系霊団の最高大霊、主エル・カンターレ。世界百力国以上の国々に信者を持ち、全人類救済という尊い使命のもと、信者は、「愛」と「悟り」と「ユートピア建設」の教えの実践、伝道に励んでいます。

（二〇一九年五月現在）

愛

幸福の科学の「愛」とは、与える愛です。これは、仏教の慈悲《じひ》や布施《ふせ》の精神と同じことです。信者は、仏法真理をお伝えすることを通して、多くの方に幸福な人生を送っていただくための活動に励んでいます。

悟り

「悟り」とは、自らが仏の子であることを知るということです。教学《きょうがく》や精神統一によって心を磨き、智慧《ちえ》を得て悩みを解決すると共に、天使・菩薩《ぼさつ》の境地を目指し、より多くの人を救える力を身につけていきます。

ユートピア建設

私たち人間は、地上に理想世界を建設するという尊い使命を持って生まれてきています。社会の悪を押しとどめ、善を推し進めるために、信者はさまざまな活動に積極的に参加しています。

国内外の世界で貧困や災害、心の病で苦しんでいる人々に対しては、現地メンバーや支援団体と連携して、物心両面にわたり、あらゆる手段で手を差し伸べています。

年間約２万人の自殺者を減らすため、全国各地で街頭キャンペーンを展開しています。

公式サイト **www.withyou-hs.net**

ヘレン・ケラーを理想として活動する、ハンディキャップを持つ方とボランティアの会です。視聴覚障害者、肢体不自由な方々に仏法真理を学んでいただくための、さまざまなサポートをしています。

公式サイト **www.helen-hs.net**

入会のご案内

幸福の科学では、大川隆法総裁が説く仏法真理《ぶっぽうしんり》をもとに、「どうすれば幸福になれるのか、また、他の人を幸福にできるのか」を学び、実践しています。

入会 仏法真理を学んでみたい方へ

大川隆法総裁の教えを信じ、学ぼうとする方なら、どなたでも入会できます。入会された方には、『入会版「正心法語《しょうしんほうご》」』が授与されます。

ネット入会 入会ご希望の方はネットからも入会できます。
happy-science.jp/joinus

三帰《さんき》誓願《せいがん》 信仰をさらに深めたい方へ

仏弟子としてさらに信仰を深めたい方は、仏《ぶっ》・法《ぽう》・僧《そう》の三宝《さんぽう》への帰依を誓う「三帰誓願式」を受けることができます。三帰誓願者には、『仏説・正心法語』『祈願文《きがんもん》①』『祈願文②』『エル・カンターレへの祈り』が授与されます。

幸福の科学 サービスセンター
TEL 03-5793-1727
（受付時間／火〜金：10〜20時 土・日祝：10〜18時（月曜を除く））

幸福の科学 公式サイト
happy-science.jp

ハッピー・サイエンス・ユニバーシティ
Happy Science University

ハッピー・サイエンス・ユニバーシティとは

ハッピー・サイエンス・ユニバーシティ（HSU）は、大川隆法総裁が設立された「現代の松下村塾」であり、「日本発の本格私学」です。
建学の精神として「幸福の探究と新文明の創造」を掲げ、チャレンジ精神にあふれ、新時代を切り拓く人材の輩出を目指します。

人間幸福学部　経営成功学部　未来産業学部

HSU長生キャンパス　TEL **0475-32-7770**
〒299-4325　千葉県長生郡長生村一松丙 4427-1

未来創造学部

HSU未来創造・東京キャンパス
TEL **03-3699-7707**
〒136-0076　東京都江東区南砂2-6-5

公式サイト **happy-science.university**

学校法人 幸福の科学学園

学校法人 幸福の科学学園は、幸福の科学の教育理念のもとにつくられた教育機関です。人間にとって最も大切な宗教教育の導入を通じて精神性を高めながら、ユートピア建設に貢献する人材輩出を目指しています。

幸福の科学学園

中学校・高等学校（那須本校）
2010年4月開校・栃木県那須郡（男女共学・全寮制）
TEL **0287-75-7777**　公式サイト **happy-science.ac.jp**

関西中学校・高等学校（関西校）
2013年4月開校・滋賀県大津市（男女共学・寮及び通学）
TEL **077-573-7774**　公式サイト **kansai.happy-science.ac.jp**

仏法真理塾「サクセスNo.1」

全国に本校・拠点・支部校を展開する、幸福の科学による信仰教育の機関です。小学生・中学生・高校生を対象に、信仰教育・徳育にウエイトを置きつつ、将来、社会人として活躍するための学力養成にも力を注いでいます。

TEL **03-5750-0747**（東京本校）

エンゼルプランV TEL **03-5750-0757**

幼少時からの心の教育を大切にして、信仰をベースにした幼児教育を行っています。

不登校児支援スクール「ネバー・マインド」 TEL **03-5750-1741**

心の面からのアプローチを重視して、不登校の子供たちを支援しています。

ユー・アー・エンゼル!（あなたは天使!）運動

一般社団法人 ユー・アー・エンゼル TEL **03-6426-7797**

障害児の不安や悩みに取り組み、ご両親を励まし、勇気づける、
障害児支援のボランティア運動を展開しています。

NPO活動支援

いじめから子供を守ろうネットワーク

学校からのいじめ追放を目指し、さまざまな社会提言をしています。また、各地でのシンポジウムや学校への啓発ポスター掲示等に取り組む一般財団法人「いじめから子供を守ろうネットワーク」を支援しています。

公式サイト **mamoro.org** ブログ **blog.mamoro.org**

相談窓口 **TEL.03-5544-8989**

百歳まで生きる会

「百歳まで生きる会」は、生涯現役人生を掲げ、友達づくり、生きがいづくりをめざしている幸福の科学のシニア信者の集まりです。

シニア・プラン21

生涯反省で人生を再生・新生し、希望に満ちた生涯現役人生を生きる仏法真理道場です。定期的に開催される研修には、年齢を問わず、多くの方が参加しています。全国180カ所、海外12カ所で開校中。

【東京校】 TEL **03-6384-0778** FAX **03-6384-0779**

メール **senior-plan@kofuku-no-kagaku.or.jp**

幸福実現党

内憂外患《ないゆうがいかん》の国難に立ち向かうべく、2009年5月に幸福実現党を立党しました。創立者である大川隆法党総裁の精神的指導のもと、宗教だけでは解決できない問題に取り組み、幸福を具体化するための力になっています。

幸福実現党 釈量子サイト **shaku-ryoko.net**
Twitter **釈量子@shakuryoko**で検索

党の機関紙
「幸福実現NEWS」

幸福実現党　党員募集中

あなたも幸福を実現する政治に参画しませんか。

○幸福実現党の理念と綱領、政策に賛同する18歳以上の方なら、どなたでも参加いただけます。

○党費:正党員（年額5千円［学生 年額2千円］）、特別党員（年額10万円以上）、家族党員（年額2千円）

○党員資格は党費を入金された日から1年間です。

○正党員、特別党員の皆様には機関紙「幸福実現NEWS（党員版）」（不定期発行）が送付されます。

＊申込書は、下記、幸福実現党公式サイトでダウンロードできます。
住所:〒107-0052　東京都港区赤坂2-10-8 6階 幸福実現党本部
TEL **03-6441-0754**　FAX **03-6441-0764**
公式サイト **hr-party.jp**

幸福の科学出版

大川隆法総裁の仏法真理の書を中心に、ビジネス、自己啓発、小説など、さまざまなジャンルの書籍・雑誌を出版しています。他にも、映画事業、文学・学術発展のための振興事業、テレビ・ラジオ番組の提供など、幸福の科学文化を広げる事業を行っています。

アー・ユー・ハッピー？
are-you-happy.com

ザ・リバティ
the-liberty.com

幸福の科学出版
TEL **03-5573-7700**
公式サイト **irhpress.co.jp**

THE FACT

ザ・ファクト
マスコミが報道しない
「事実」を世界に伝える
ネット・オピニオン番組

ザ・ファクト 検索

NEW STAR PRODUCTION

ニュースター・プロダクション

「新時代の美」を創造する芸能プロダクションです。多くの方々に良き感化を与えられるような魅力あふれるタレントを世に送り出すべく、日々、活動しています。 公式サイト **newstarpro.co.jp**

ARI Production

ARI《アリ》 Production《プロダクション》

タレント一人ひとりの個性や魅力を引き出し、「新時代を創造するエンターテインメント」をコンセプトに、世の中に精神的価値のある作品を提供していく芸能プロダクションです。 公式サイト **aripro.co.jp**

大川隆法　講演会のご案内

大川隆法総裁の講演会が全国各地で開催されています。講演のなかでは、毎回、「世界教師」としての立場から、幸福な人生を生きるための心の教えをはじめ、世界各地で起きている宗教対立、紛争、国際政治や経済といった時事問題に対する指針など、日本と世界がさらなる繁栄の未来を実現するための道筋が示されています。

2019年5月14日 幕張メッセ「自由・民主・信仰の世界」

2019年3月3日 グランド ハイアット 台北（台湾）「愛は憎しみを超えて」

2017年8月2日 東京ドーム「人類の選択」

2018年10月7日 ザ・リッツカールトン ベルリン（ドイツ）「Love for the Future」

2019年1月26日 広島県立文化芸術ホール「未来への希望」

講演会には、どなたでもご参加いただけます。
最新の講演会の開催情報はこちらへ。⟹ 大川隆法総裁公式サイト https://ryuho-okawa.org